Gerhard F. Schadler
Der Glücksbringer

Der Autor *Gerhard F. Schadler* beschäftigt sich seit mehr als zwei Jahrzehnten mit der Auswirkung von Gefühlen auf Lebensqualität, Lebenserfolg, Lebensglück und Wirtschaft. Er ist der Entdecker des menschlichen Gefühlsschalters und DER Spezialist, wenn es um das Erkennen und Nutzen der eigenen Möglichkeiten geht.

Sein praktisches Wissen hat er bereits in frühen Jahren während einer langjährigen Ausbildung bei einem alten japanischen Sensei (Kampfkunstmeister) erworben. Seither erforscht er die Steuermechanismen des Menschen, beobachtet und analysiert Menschen, die von ihrer Umgebung als »Glückspilze« wahrgenommen werden, und betreut als Trainer vorwiegend Leistungsträger aus Diplomatie, Politik, Sport, Management und Medien sowie Belegschaften großer Unternehmen.

Gerhard F. Schadler

Der Glücksbringer

Das verrückte Leben des Josef Puch
oder – wie Gefühle unser Glück bestimmen

Die Inhalte dieses Werkes stellen keine Therapie dar und ersetzen weder ärztliche noch psychologische Behandlung! Alle Bücher von gefuehlsLOGIK.at werden sorgfältig erarbeitet. Dennoch übernehmen Autor, Herausgeber und Verlag in keinem Fall die Verantwortung für mögliche Folgen, die sich aus der Anwendung der empfohlenen Ratschläge ergeben könnten. Auch kann für die Richtigkeit von Angaben, Hinweisen und Ratschlägen sowie für eventuelle Druckfehler keine Haftung übernommen werden.

Fotos: Aus dem Privatbesitz der Familie Puch mit ihrer freundlichen Genehmigung
Lektorat: Helga Klösch-Melliwa
Grafik, Satz, Cover: Markus Schuster, schusterjunge.at
Gesamtherstellung: gefuehlsLOGIK.at

ISBN 978-3-9502347-2-5

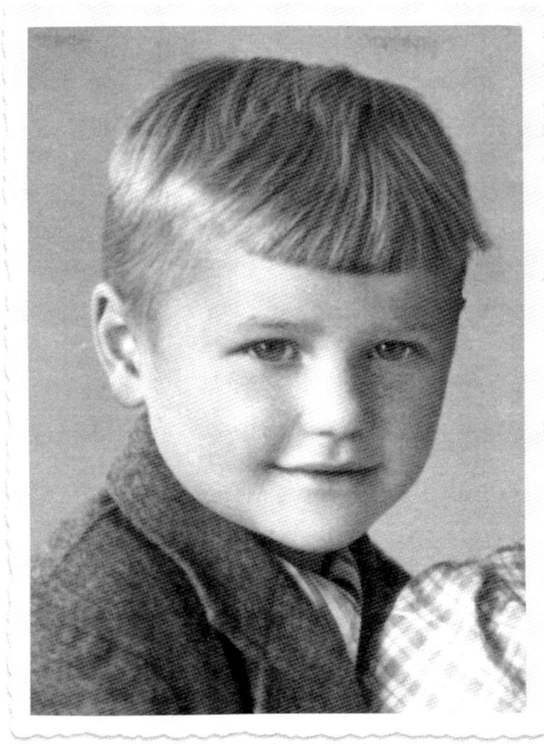

Für Josef

Roman

Basierend auf dem Leben von Josef Puch
Literarisch umgesetzt von Gerhard F. Schadler

Um das Verständnis zu erleichtern und den Lesefluss aufrechtzuerhalten, wurden dort, wo das tatsächliche Geschehen sehr komplex ist, jedoch diese Informationen für die Leserinnen und Leser nicht relevant sind, Veränderungen vorgenommen. Auch wurden in wenigen Fällen vom Autor Ablauf, Dramaturgie und Handlungsgeschehen zugunsten der Romanform abgeändert. All das mit dem Ziel, dem roten Faden eines gelungenen Lebens zügig folgen zu können.

Vorwort 11

1. Unerwünscht 15
2. Weitergereicht 17
3. Angriff 22
4. Vorbei 26
5. Neustart 30
6. Verschlungen 34
7. Vorbereitung 44
8. Reisefieber 49
9. Geschäftsideen 56
10. Der Koreaner 63
11. Das Experiment 67
12. Neunzehn 72
13. Zweifel 75
14. Pflichterfüllung 78
15. Ausgewachsen 85
16. Geschenke 87
17. Der Ochsenseppl 93
18. Goldene Zeiten 100
19. Alternativen 104
20. Schlossherren 109
21. Loslassen 115
22. Befreit 119
23. Die Logik meines Glücks 121

Nachwort 131

Das kleine Glückstraining 135

Vorwort

Das erste Mal begegnete ich ihm Mitte der 1990er Jahre. Er besuchte eines meiner Seminare. Doch was wollte er dort? Ging es in dieser Veranstaltung schließlich darum, den professionellen Umgang mit Ärger, Stress & Co zu erlernen. Doch genau das schien eigentlich für ihn nicht wirklich ein Thema zu sein. Trotzdem wollte dieser kleine, unscheinbare Mann im fortgeschrittenen Alter alles darüber wissen.

Inzwischen bin ich mit ihm, dem Rauchfangkehrermeister Josef Puch, bereits viele Jahre befreundet. Doch erst vor Kurzem ergab es sich, dass er mir von seinem Leben zu erzählen begann. Seine Ausführungen waren so außergewöhnlich und spannend, dass ich mehr davon hören wollte. Schnell war mir klar: Nicht nur ich sollte davon erfahren. Saß mir doch der lebende Beweis gegenüber, dass trotz widrigster Umstände ein glückliches Leben gelingen kann. Die Idee für dieses Buch war geboren und ich bat Josef um ein Interview.

Über Stunden, Tage und Wochen erzählte er mir von seinen ungewöhnlichen, oftmals auch abenteuerlichen Erlebnissen. Jetzt erst erfuhr ich nicht nur, dass Josef ein Nachfahre des legendären Autobauers und Altmeisters der Automobilgeschichte Johann Puch[1] ist, sondern auch, wie geglückt sein Leben tatsächlich verlaufen ist.

Ich wünsche Ihnen viel Spaß beim Eintauchen in die nicht ganz normale Welt des ganz normalen Menschen Josef Puch. Begleiten Sie ihn auf seiner Reise zum Glück, auf dass dieser ungewöhnliche Rauchfangkehrer mit seinem Beispiel auch zu Ihrem Glücksbringer werde.

Herzlichst,
Ihr Gerhard F. Schadler

---

1 Johann Puch, Konstrukteur, Erfinder und einer der erfolgreichsten Unternehmer der österreichisch-ungarischen Monarchie, baute 1898 seinen ersten eigenen Motor. 1899 gründete er die Puch-Werke im österreichischen Graz, wo er Fahrräder, Motorräder und Automobile entwickelte und produzierte. Sein innovativer Unternehmergeist legte damit den Grundstein für so legendäre Fahrzeuge wie den Puch Pinzgauer, den Puch Haflinger, aber auch den Puch G (Mercedes-Benz G-Klasse), der 1972 in Kooperation mit Daimler-Benz entwickelt wurde.
Puch selbst konstruierte vierzehn verschiedene Automodelle, die auch in der österreichischen Kaiserfamilie zufriedene Kunden fanden. 1909 wurde mit einem seiner Fahrzeuge der damalige Geschwindigkeitsrekord von 130,4 Stundenkilometer erzielt.

I

—

Unerwünscht

»O Gott, es ist ein Junge!« Diese wenig freundlichen Worte waren vielleicht das Erste, das ich als Neugeborener zu hören bekam. Denn es war nicht nur der klirrend kalte Wintertag im Februar 1939, der mir einen frostigen Empfang auf dieser Erde bereitete. Auch meine Mutter zeigte wenig Begeisterung darüber, dass sie einen Knaben geboren hatte.

In gewisser Weise wurde ich als Opfer geboren. Ein Opfer der damaligen Zeit, in der sich Figuren der deutschen Heldensagen, die Richard Wagner in seinen Opern zum Leben erweckt hatte, äußerster Beliebtheit erfreuten. Besonders meine Mutter war von zweien dieser Heldenfiguren begeistert – von Siegfried dem Drachentöter und seiner geliebten Kriemhilde. So begeistert, dass sie als glühender Fan der beiden auch zu Hause ein solches Pärchen haben wollte. Leider war zum Zeitpunkt meiner Geburt Siegfried, mein älterer Bruder, bereits geboren und somit ich, der eigentlich seine Schwester Kriemhilde hätte abgeben sollen, eine große Enttäuschung für meine Mutter. Wen wundert es, dass sie wenig Lust dazu hatte, dieses kleine unerwünschte Etwas selbst großzuziehen. So wurde ich wenige Tage nach meiner Geburt in einen alten, geflochtenen Korb verfrachtet. Draußen wartete bereits ein Leiterwagen, der mich vom Bauernhof, auf dem ich geboren wurde, zu einer Pflegemutter im dreißig Minuten entfernten Thalheim bringen sollte – einem winzigen Dorf, das neben wenigen hundert anderen Seelen ab nun auch mir eine Heimat bot.

Zu diesem Zeitpunkt lagen die Kriegspläne der Nazis bereits in den Schubladen. Meine Eltern lebten weiterhin mit meinem Bruder Siegfried auf dem Bauernhof, hier in der Steiermark, dem südlichen, waldreichen Teil Österreichs, das damals bereits Nazi-Deutschland war. Meine Mutter hielt den Hof am Laufen, während mein Vater seiner Tätigkeit als Rauchfangkehrer im elterlichen Betrieb nachging. Sechs Monate wurde ich bereits in Thalheim von meiner Pflegemutter versorgt, als die deutsche Wehrmacht in Polen einmarschierte. Der Zweite Weltkrieg nahm seinen Anfang, was auch meinen Vater zum Soldaten machte.

Viel geschah, während ich völlig unbeeindruckt davon bei meiner Pflegemutter in einem Bettchen in Thalheim lag und nicht die geringste Ahnung hatte, in welch chaotische Welt ich da hineingeboren worden war.

2

Weitergereicht

Ich war ein sehr zierliches Kind und im Vergleich zu anderen Knaben in meiner Umgebung immer der Kleinste, Zarteste und Leichteste. Mittlerweile hatte ich gehen gelernt, und während die Deutsche Wehrmacht ohne Kriegserklärung in Russland einfiel, konnte ich mich in der Obersteiermark mit meinem zarten Körper bereits einigermaßen gut in aufrechter Position halten. So befand meine leibliche Mutter, dass ich jetzt wohl aus dem Gröbsten heraus sei und für die Menschheit eine nicht mehr allzu große Belastung darstellen würde. Sie wies meine Pflegemutter an, mich ihren Eltern, also meinen Großeltern, zu übergeben – ein großer Glücksfall, wie sich herausstellen sollte.

Großvater und Großmutter betrieben in Thalheim, direkt gegenüber vom Bahnhof, ein stark frequentiertes Gasthaus.

Das unauffällige, einstöckige Haus lud mit seiner schon etwas verwitterten, schnörkellosen Fassade nicht gerade zum Einkehren ein. Doch da es im Ort an anderen Möglichkeiten mangelte, gab es hier immer viel zu tun. So viel, dass meine

Großeltern unmöglich die Zeit aufbringen konnten, sich auch noch um mich zu kümmern. Ich kann mich noch gut erinnern, wie Großmutter bei meiner Ankunft meine kleinen Hände in die ihren nahm, mir in die Augen sah und mit sanfter Stimme die Rahmenbedingungen meines Aufenthaltes bekannt gab: »Wenn du etwas brauchst, dann gehst du zur Mitzl!« Mitzl, das war die immer gut gelaunte, freundliche Küchenmagd, die ab jetzt meine Ansprechperson sein sollte. Im Schlafzimmer der Großeltern im oberen Stock war ein kleines, aus gehobelten Holzlatten zusammengezimmertes Bettchen für mich gerichtet. Niemand sagte mir, wann ich zu Bett gehen sollte oder wann Zeit zum Aufstehen sei. Niemand bestimmte, wann Essenszeit sei oder was ich essen sollte. Während meine Mutter auf dem Bauernhof ihr Leben lebte und mein Vater sein Soldatendasein im Norden Europas fristete, hatte ich Gelegenheit, völlig eigenständig und frei, ohne jenes Korsett, das die Gesellschaft Erziehung nennt, meine jungen Jahre zu verbringen.

»Ich habe Hunger!« Viel mehr bekam Mitzl meist nicht von mir zu hören. Sie bugsierte mich dann in die mit Töpfen, Pfannen und allerlei glitzerndem Gerät vollgestopfte Küche, wo ich mit meinen kleinen Fingern auf jene Lebensmittel zeigte, die ich zu essen beabsichtigte. So stellte ich mir nicht nur von Kindheitstagen an mein Essen selbst zusammen, sondern trainierte gleichzeitig auch meine Selbstständigkeit. Niemand fragte danach, ob ich aufessen würde oder nicht, wie viel ich wovon essen oder ob ich bestimmte Essenszeiten einhalten würde. Ich aß, wenn ich Hunger hatte, und hörte auf, wenn ich satt war.

Meine Tage verbrachte ich damit, Bierflaschen vom Keller in den Gastraum zu tragen, den Boden zu fegen oder Getränkelieferanten beim Abladen zu helfen. Das machte mir alles großen Spaß – und wenn mir mein Großvater dann dafür einige Münzen als Belohnung zusteckte, war ich auch noch mit Stolz über das erste selbst verdiente Geld erfüllt. Immer öfter lief ich auch über die Straße, um im Bahnhof mit den Kindern des Bahnhofsvorstandes zu spielen. Niemand störte sich daran, wenn wir im Büro des Fahrdienstleiters staunend beobachteten, wie dieser alles mögliche technische Gerät bediente, Hebel umlegte, Knöpfe drückte und wie der Fernschreiber seine Papierstreifen mit lautem Rattern immer länger werden ließ. Manchmal vertrieb ich mir auch die Zeit, indem ich meine Mutter auf ihrem Bauernhof besuchte, der nur dreißig Minuten entfernt war. Da gab es für mich nicht nur vieles zu entdecken. Sondern ich hatte hier auch in Siegfried, meinem um ein Jahr älteren Bruder, einen weiteren willkommenen Spielkameraden gefunden.

Wenn ich nicht gerade die nähere Umgebung erkundete oder etwas anderes zu tun hatte, hielt ich mich irgendwo zwischen Gaststube und Küche auf, wo ich neugierig die Erwachsenen – ohne von diesen beachtet zu werden – ungestört in ihrem Tun beobachten konnte. Besonders eindrucksvoll ist mir meine Großmutter in Erinnerung geblieben. Sie hatte bald nach meiner Aufnahme in ihr Haus einen Schlaganfall erlitten. Von einem Tag auf den anderen konnte sie sich nicht mehr bewegen, gerade sie, die täglich die Ausspeisung von über hundert Essen zu managen hatte. So ließ sie sich nun jeden Morgen vom ersten Stock in die Küche tragen. Obwohl es ihr nicht mehr möglich war, zu gehen, dirigierte sie von ihrem Stuhl aus täglich die gesamte Küche. Energisch teilte sie der Mitzl, Kathi, Vroni und wie sie alle hießen deren Aufgaben zu und gab mir zugleich ein wunderbares Beispiel dafür, dass man auch unter widrigsten Umständen sein Leben meistern kann und sich nicht von Problemen unterkriegen lassen muss.

3

Angriff

Während Oberst Graf von Stauffenberg ein Attentat auf den deutschen Reichskanzler plante und die Alliierten bereits in der Normandie landeten, wurde auch den Menschen in Thalheim immer stärker vor Augen geführt, dass gerade ein unbarmherziger Krieg im Gange war. Bis jetzt war mir dieser Krieg nur in Gestalt von uniformierten Fronturlaubern begegnet, die lautstark in der Gaststube von ihren Erlebnissen erzählten. Nun wurden unsere Kinderspiele immer öfter von Sirenengeheul und dem gellenden Ruf »Fliegeralarm!« unterbrochen. Der Bahnhof, ein Eisenbahnwerk und ein Militärflughafen ganz in der Nähe unseres Ortes stellten äußerst lohnende Ziele für die Angriffe der Alliierten dar.

So wurde es für mich bald zur Normalität, mit den Erwachsenen, so schnell wie mich die Beine tragen konnten, zu dem Stollen zu laufen, der am Dorfrand, zehn Minuten vom Gasthof, tief in den Berg geschlagen war. Dort fanden sich in kürzester Zeit immer mehr Menschen ein, noch schnaufend vor Anstrengung und mit ängstlichen Gesichtern, während das Brummen der Bomber den möglichen Tod anzudrohen begann.

Die ersten Explosionen bringen den feuchten Boden zum Zucken und Beben, ganz so, als ob er die tödliche Gefahr von sich abzuschütteln versucht. Kalte Erde löst sich von der holzgestützten Decke und verteilt sich auf unseren Köpfen. Die alten Petroleumlampen tauchen alles in ein fahles Licht, das mit seinem nervösen Flimmern die starren Gesichter, aufgerissenen Augen und zusammengeduckten Körper der Menschen noch ängstlicher erscheinen lässt. Und dazwischen ich, das noch nicht einmal fünfjährige naive Kind, das all die Angst rundum nicht zu verstehen vermag, das all dies viel mehr als Abenteuer denn als Gefahr erlebt.

Doch nicht nur in dem düsteren Stollen sollte mir der Krieg mit all seiner Wucht begegnen. Ein schwüler Sommertag im Juli 1944. Mein Großvater schickt mich und meinen älteren Bruder zu einem nahegelegenen Bauernhof. Milch ist zu holen. Die Kinder des Fahrdienstleiters, erfreut über die willkommene Abwechslung, begleiten uns. Mit Milchkannen ausgerüstet geht es der breiten Straße entlang, raus aus dem Dorf, direkt ins grüne Umland von Thalheim. Querfeldein über Äcker und Wiesen, durch ein kleines Wäldchen, zu einer weitläufigen, frei liegenden Wiese. Übermütiges Laufen. Sechs Kinder, alle zwischen vier und sieben Jahre alt, freuen sich des Lebens. Plötzlich – mitten auf der Wiese – ein lautes *Uiiii* dringt an mein Ohr. Das durchdringende Pfeifen wird immer stärker – neben mir wirbelt Erde in die Luft. Mit voller Wucht spritzt mir das Braun ins Gesicht, begleitet von einem ohrenbetäubenden *Tak-tak-tak-tak-tak-tak* – mir ist nicht bewusst, dass ich das todbringende Maschinengewehr eines Tieffliegers zu hören bekomme, der uns offenbar zur leichten Beute auserkoren hat.

Das Geschrei meines Bruders übertönt das metallische Tackern. »Hinwerfen, werft euch auf den Boden. Bleibt liegen, liegen bleiben!«, brüllt er aus vollem Hals. Folgsam werfe ich mich zu Boden. Doch die beiden Kleinsten laufen immer noch – erschrocken, immer weiter, nur fort von hier. Wieder spritzt mir Dreck ins Gesicht. Wenige Zentimeter von meinem Kopf entfernt dringen MG-Garben erbarmungslos ins Erdreich ein. Dreck schießt über mich hinweg. »Alles in Ordnung, bleib' einfach liegen, es wird alles gut«, beruhigt mich mein Bruder. Das Flugzeug verschwindet aus unserem Blickfeld. Der Lärm des Motors wird leiser. Wir springen auf, rennen den beiden Kleinen hinterher. Mein Blick fällt auf meine Milchkanne. Zerfetzt liegt sie dort, wo ich Sekunden zuvor noch gestanden war.

In Panik laufen wir, bis wir endlich den Rand des angrenzenden Waldes erreichen, erst unter den schützenden Bäumen wagen wir es, heftig atmend stehenzubleiben.

Geraume Zeit warten wir hier ab. Nach endlos scheinenden Minuten bringen wir den Mut auf, zum Dorf zurückzulaufen. Viele Erwachsene kommen uns bereits entgegen – verstört, mit bestürzten Gesichtern. Das Waffenfeuer war bis ins Dorf zu hören gewesen. Groß ist die Freude über unser Überleben. Sechs Kinder zwischen vier und sieben Jahren – wie durch ein Wunder ist keinem etwas geschehen. Und in mir hat sich unauslöschlich eine Erkenntnis festgesetzt, die mich mein restliches Leben begleiten wird: »Ich kann auch unter widrigsten Umständen überleben!«

4

Vorbei

In Jalta, einem kleinen Kurort auf der Halbinsel Krim, wird im Februar 1945 von Roosevelt, Churchill und Stalin bereits die Aufteilung des Deutschen Reiches in Besatzungszonen beschlossen. Im schneebedeckten Thalheim heulen immer öfter die Sirenen. Immer mehr Züge, vollgepackt mit Männern in Uniform, passieren den kleinen Bahnhof. Immer öfter sind Explosionen in der Umgebung zu hören – einmal ohrenbetäubend auch direkt vor dem Bahnhof.

Es ist später Nachmittag. Ich halte mich gerade im Gasthaus auf, als ein unglaublich lauter Knall von gegenüber zu hören ist. Alle stürzen nach draußen. Auch ich. Verletzte, Tote, Blut, Geschrei – und ich als Kind mittendrin. Innerlich aufgewühlt spüre ich plötzlich die Hand meines Großvaters in der meinen. Behutsam führt er mich zurück ins Gasthaus. Seine ruhige Stimme erklärt mir, dass am Bahnhof bei Verladearbeiten eine Panzerfaust explodiert sei, ich jetzt aber nichts mehr zu befürchten habe. Seine Worte, aber noch viel mehr seine ruhige Art zu sprechen beruhigen mich, sodass ich später, in der Nacht, selbst nach diesem schrecklichen Erlebnis zu ruhigem Schlaf finden kann.

Eines der wenigen erhaltenen Fotos: links der Bahnhof und rechts der Gasthof von Josefs Großeltern (Aufnahme um 1910)

Wenige Tage später tauchten in Thalheim immer mehr Männer auf, in Uniformen, die ich zuvor noch nie gesehen hatte. Sie sprachen eine mir unbekannte Sprache, die auch mein Großvater zu beherrschen schien. Von ihm erfuhr ich, dass es sich um Russen handelte, die den Krieg gewonnen und deshalb jetzt hier das Sagen hätten. Das Sirenengeheul, die Fliegerangriffe, die unzähligen Aufenthalte im Stollen, die für mich so selbstverständlich geworden waren, all das war nun vorbei. Stattdessen begegnete ich jetzt überall Männern in erdbraunen Uniformen. Ja selbst am Bauernhof meiner Mutter waren sie scharenweise vorzufinden, da ihr Kommandant den Hof als russische Kommandozentrale der Region auserkoren hatte.

Die russischen Soldaten erlebte ich in dieser Zeit als besonders freundlich – ganz im Gegensatz zu den Erfahrungen so mancher Erwachsenen, die mir Jahre später von plündernden, gefährlichen, unberechenbaren Russen zu erzählen wussten. Ich hingegen hatte nicht die geringste Angst vor ihnen. Sie steckten uns Kindern Naschwerk zu, gaben uns manches von ihren Essensrationen ab. Und sie sprachen und scherzten mit uns, obwohl wir kein Wort davon verstanden. Dieser unbekümmerte Umgang mit den Besatzern sollte mir jedoch einmal fast zum Verhängnis werden.

Im Dorf gab es einen alten Mann, der während des Krieges am Revers seines verschlissenen dunkelbraunen Sakkos ständig ein Abzeichen trug. Daran war er unschwer als Mitglied der NSDAP zu erkennen. Wenn ihm Kinder im Ort über den Weg liefen, forderte er sie auf, ihn mit dem Nazi-Gruß zu begrüßen. Und wenn sie dann wie dressierte Zirkusäffchen vor seinem wohlwollenden Auge strammstanden und das Gewünschte taten, wurde ihre Folgsamkeit von ihm mit Pfennigen belohnt. Für uns Kinder war dies eine besonders einfache Möglichkeit, an Geld zu kommen. So lag es für mich, der keine Ahnung von politischen Parolen hatte, nahe, diese Geldquelle auch bei den Russen weitersprudeln zu lassen. Gesagt, getan! Stramm stellte ich mich im Dorf vor einem der russischen Besatzer auf und tat genau das, was beim Parteimitglied die Geldbörse so locker gemacht hatte. Doch was nun geschah, war für mich, den damals Fünfjährigen, völlig unverständlich. Dem Russen schien nämlich mein Tun gar nicht zu gefallen. Denn statt des erhofften Geldsegens erschien die herbeigerufene Militärpolizei, die mich, mit Maschinenpistolen im Genick, zu meinem Großvater ins Gasthaus brachte.

Ich ahnte bereits, dass dieser nicht gut auf mich zu sprechen sein würde. War er schon während des Krieges immer dagegen gewesen, dass wir Kinder diesen Gruß praktizierten. Die Militärpolizisten erklärten meinem Großvater eindringlich, dass es zur sofortigen Exekution eines erwachsenen Familienmitglieds kommen würde, sollte sich solch ein Vorfall wiederholen. Mein Großvater führte mit mir ein langes, ernstes Gespräch, sodass auch ich verstand, dass ab sofort diese Einnahmequelle für mich tabu war.

5

Neustart

Bereits im Juli 1945 wurden die russischen Besatzer, die nicht nur in Thalheim ein strenges Kommando geführt hatten, in der ganzen Steiermark von den Briten abgelöst – was Mutter aufatmen ließ, hatte sie nun doch den Bauernhof wieder für sich. Die Soldaten mit all ihren Panzern und Kanonen waren innerhalb weniger Tage vom Hof verschwunden, mitsamt allen Fässern des Mostkellers.

Einige Wochen später, ich spielte gerade mit meinem Bruder im Hof, tauchte in der Auffahrt ein mir unbekannter Mann auf. Die hagere Gestalt kam mit einem breiten Grinsen auf uns zu. Mein Vater war wieder da! Seit meiner Geburt hatte ich ihn erst zwei Mal bei Fronturlauben zu Gesicht bekommen. Zur Freude aller war es ihm gelungen, sich trotz der Kriegswirren bis nach Thalheim durchzuschlagen.

Nun sollte sich für mich einiges ändern. Mein Vater übernahm den elterlichen Rauchfangkehrerbetrieb im sieben Kilometer entfernten Judenburg, der während des Krieges von seiner verwitweten Mutter geleitet worden war. Das einfache, einstöckige Haus, am Stadtrand an einem Hang entlang gebaut, war glücklicherweise von den unzähligen Fliegerbomben verschont geblieben. Es wurde zu meiner neuen Heimat. Denn meine Mutter hatte den Bauernhof ihrem Bruder, der inzwischen auch aus dem Krieg zurückgekehrt war, übergeben, und gemeinsam mit ihr zogen wir drei Kinder hierher: mein älterer Bruder Siegfried, meine inzwischen geborene Schwester Kriemhilde – das Ergebnis eines Fronturlaubs meines Vaters – und ich. Was mich mit unbändiger Freude erfüllte! Mein Herz hüpfte, als ich das erste Mal unsere kahle, mit wenigen Möbeln bestückte neue Bleibe im ersten Stock des Hauses betrat.

Nun begann der Nachkriegsalltag. Bereits frühmorgens, meist war es noch dunkel, bestiegen mein Vater und seine beiden Gesellen ihre Fahrräder, um die Schornsteine der Wohnhäuser, Betriebe und Bauernhöfe im Bezirk vom Ruß zu befreien. Zu dieser Zeit waren besonders Lebensmittel äußerst knapp. Umso größer war der Genuss, wenn Vater nach getaner Arbeit mit etwas Essbarem im Rucksack nach Hause kam. Denn von den Bauern der Umgebung ließ er sich für seine Dienste statt mit Geld lieber in Naturalien bezahlen. Manchmal war es sogar mehr, als wir selbst benötigten, sodass es sich am Schwarzmarkt gut gegen Kleidung, Decken oder andere dringend benötigte Dinge eintauschen ließ.

Die Erwachsenen versuchten, so gut es ging, ihrem Beruf nachzugehen, der Tauschhandel blühte und in der Stadt bildeten sich vor fast leeren Geschäften regelmäßig lange Menschenschlangen. Und für mich begann die Schulzeit. Plötzlich war ich gezwungen, zu vorgegebener Zeit das zu tun, was andere von mir erwarteten. Das fiel mir zugegebenermaßen recht schwer, war ich es bis jetzt doch gewohnt gewesen, selbst über mich zu bestimmen. Die Schule konnte zwar meine unbändige Wissbegier befriedigen, meine unendliche Neugier, die mich bereits im Gasthof der Großeltern mit offenen Augen durch die Welt hatte gehen lassen. Auch hatte ich Spaß am Lernen und war interessiert an all dem Neuen, das mir hier geboten wurde. Doch es wollte ganz und gar nicht in meinen Kopf, dass ich mich auch außerhalb des Unterrichts mit denselben Themen wie in der Schule beschäftigen und Hausaufgaben machen sollte. Da half es auch nichts, wenn mich meine Lehrer bei ihren Überzeugungsversuchen mit meinem Kosenamen anzusprechen begannen.

»Seppl, du musst aber die Aufgaben machen, damit du es auch wirklich kannst«, war eines der beliebtesten Argumente meiner Lehrer. Und meine Antwort immer die gleiche: »Ich kann es ja!«, wovon sich meine Lehrer dann auch regelmäßig in den strafweise angesetzten Prüfungen überzeugen konnten.

Es war tatsächlich so, dass ich, Josef »Seppl« Puch, trotz fehlender Hausaufgaben immer gute Noten hatte. Die Lehrer wollten und wollten nicht verstehen, dass mich alles Neue so sehr interessierte, dass ich es bereits während des Unterrichts aufzunehmen vermochte und es deshalb nicht nötig war, auch meine geliebte Freizeit dafür zu verschwenden. Wen wundert es, dass mich meine Lehrer, obwohl ich stets gute Noten hatte, bis zum Ende meiner Schulzeit als besonders schwierigen Schüler empfanden.

6

Verschlungen

Bereits während der Schulzeit hatte sich meine Liebe zum Beruf des Rauchfangkehrers entwickelt. Ich war fasziniert von all dem Gerät, das mein Vater bei sich trug, wenn er im schwarzen Arbeitsgewand das Haus verließ. Und ich war auch beeindruckt von der Tatsache, dass er mit seinem Tun tagtäglich zur Sicherheit[2] seiner Kunden beitrug. Es machte mich stolz, wenn ich sah, wie ihn andere mit Respekt behandelten und ihn ab und zu sogar abergläubische Menschen darum baten, seine Arbeitskleidung anfassen zu dürfen, da dies Glück bringen sollte. Offenbar wollten sie in dieser entbehrungsreichen Nachkriegszeit das Glück auf diesem Wege nun endlich auch in das eigene Leben locken. Jene Glückssucher, die zu schüchtern waren, um ihn zu fragen, fassten sich zumindest an einen Knopf ihrer

---

2 Je mehr Ruß sich im Schornstein ablagert, umso weniger Platz hat der Rauch zum Abziehen. Auch die Schornsteinwände werden rauer, wodurch giftige Abgase langsamer nach oben gleiten. Hat sich durch mangelnde Pflege zu viel Ruß abgelagert, steigt somit die Gefahr einer Kohlenmonoxidvergiftung enorm. Auch können die heißen Abgase eine zu dicke Rußschicht leicht entzünden, was einen vernichtenden Schornsteinbrand zur Folge hat.

Jacke, wenn sie ihn sahen, denn dies sollte die gleiche glücksbringende Wirkung haben. Für mich war bald klar: Auch ich wollte solch ein lebendiger Glücksbringer sein.

Josefs Vater mit fünfzehn Jahren

Als der Marshall-Plan, das von den USA initiierte Wiederaufbauprogramm zur Beseitigung von Kriegsschäden in Europa, beschlossen wurde, fasste auch ich als Achtjähriger einen Beschluss: »Ich werde Rauchfangkehrermeister.«

Bereits in den Sommerferien sollte ich die ersten praktischen Erfahrungen sammeln. Ich bat Vinzenz, einen von Vaters Gesellen, mich doch mit auf seine Tour zu nehmen. »Bist du dir sicher, Seppl? Willst du dich wirklich schmutzig machen, anstatt den schönen Sommertag mit deinen Freunden zu verbringen?«, stellte mich Vinzenz auf die Probe. Doch eigentlich hätte er, der kräftige Blonde mit dem freundlichen Gesicht, der mich inzwischen gut genug kannte, meine Antwort wissen können. »Ja, natürlich will ich das. Bitte nimm mich mit«, flehte ich ihn förmlich an. Vinzenz wies mich an, am nächsten Morgen in den ältesten langen Hosen, die ich hätte, einem alten Hemd und einer ebensolchen Jacke pünktlich zu erscheinen. Da auch mein Vater nichts gegen unseren Plan einzuwenden hatte, ging ich an diesem Abend aufgeregt zu Bett. Es fiel mir schwer, einzuschlafen. Immer wieder wachte ich auf, warf einen Blick auf den alten Wecker, den ich vorsorglich ans Bett gestellt hatte, nur um festzustellen, dass es noch immer nicht so weit war. Endlich! Kurz vor Sonnenaufgang. Vinzenz bugsierte mich auf den Gepäckträger seines Fahrrads und los ging es, mitten hinein in den Kehrbezirk[3], von Haus

3 Das Land ist damals wie heute in Kehrbezirke unterteilt. Für den jeweiligen Kehrbezirk ist jener Rauchfangkehrerbetrieb zuständig, der für dieses Gebiet die Konzession (Berechtigung) innehat.

zu Haus. Mal durfte ich Vinzenz das eine, mal das andere Gerät reichen. Allmählich wurde es monoton und ich begann mich bereits ein wenig zu langweilen. Bis wir zu einem alten Bauernhof kamen, ganz in der Nähe des Stollens, in dem ich während des Krieges so viel Zeit verbracht hatte.

Auf diesem Bauernhof sollte ich endlich in die echten Freuden des Rauchfangkehrens eintauchen dürfen. Denn hier gab es einen alten »Schliefer« – einen besteigbaren Kamin, der vom Rauchfangkehrer von innen her zu kehren war. Dazu musste er durch ein Türchen im Erdgeschoß in den Kamin schlüpfen – wir sagten »schliefen« –, weshalb solch ein Kamin für uns eben ein »Schliefer« war. Und ich würde mit Vinzenz mitschliefen dürfen!

Bereits auf der Fahrt zum Hof erklärte mir Vinzenz, was für mich wichtig sei. »Seppl, ein Schliefer wird immer bloßfüßig betreten. Deshalb tragen wir Rauchfangkehrer auch keine Socken oder feste Schuhe, sondern unsere Schlappen.« Während das Fahrrad weiter holpernd den staubigen Weg entlangrollte, streckte er sein rechtes Bein zur Seite, damit ich einen ausgiebigen Blick auf seinen Lederschlappen werfen konnte. »Auch du musst deine Schuhe ausziehen, bevor wir einsteigen. Bist du dann drinnen, klemmst du dich in den Schlot und arbeitest dich mit Muskelkraft Zentimeter für Zentimeter nach oben. Beim Raufsteigen werde ich die beiden mir zugewandten Kaminseiten mit dem Schereisen vom Ruß befreien.«

Das Schereisen kannte ich bereits. Das war dieses gebogene Eisenteil, das sich Rauchfangkehrer beim Transport über die Schulter legten. Und während mein Blick auf das Schereisen auf Vinzenz' Schulter fiel, sprach dieser unbeirrt weiter.

»Wenn wir oben ankommen sind, drehen wir uns um, damit wir beim Runtersteigen die anderen beiden Kaminseiten reinigen können.« Plötzlich wurde sein Tonfall sehr bestimmt. »Sobald gekehrt wird, musst du unbedingt die Augen schließen. Du darfst sie erst wieder öffnen, wenn wir den Kamin verlassen haben«, sagte er eindringlich. »Ein Stofftuch, das du von mir bekommen wirst, verhüllt deinen Mund und verhindert, dass du den vielen Ruß einatmest. Die Nase jedoch bleibt frei, damit du gut ausatmen kannst. Das Wichtigste ist, immer durch den Mund ein- und die Nase auszuatmen!« Dies schien wirklich besonders wichtig zu sein, denn Vinzenz wiederholte nochmals: »Immer durch den Mund ein- und durch die Nase ausatmen!«

Schließlich kamen wir beim Hof an, wo wir von den Bauersleuten freundlich empfangen wurden. »Auch ich werde heute kehren«, erklärte ich voll Stolz, kaum dass wir die Stube betreten hatten. Schallendes

Gelächter der Erwachsenen war die Folge. Der Winzling, dreißig Kilogramm Körpergewicht auf 120 Zentimeter Körpergröße verteilt, wurde von ihnen offensichtlich nicht richtig ernst genommen. Doch mir war es ernst. Schnell zog ich meine Schuhe aus und band den Mundschutz um, den mir Vinzenz entgegenhielt. Als Nächstes bekam ich von ihm eine Stoffhaube verpasst, die mir hinten bis über die Schultern reichte, um Haare und Hals zu schützen. Bevor es losging, zeigte mir Vinzenz noch, wie man sich im Kamin umdrehen, aber auch, wie man die Beine optimal einsetzen konnte, um gut weiterzukommen – ganz ähnlich jener Technik, die auch Bergsteiger beim Kaminklettern im Gebirge verwenden.

Endlich ist es so weit. Ich steige als Erster durch den Einlass in der Küche. Schnell hat mich das dunkle Loch wie ein Untier verschlungen. Ein intensiver, beißender Geruch bohrt sich unbarmherzig in meine Nase. Es ist viel enger, als ich es mir vorgestellt habe. Vierzig mal vierzig Zentimeter misst die Röhre nur. Von weit oben versucht ein einsamer Sonnenstrahl, für mich nur als winziger Punkt wahrnehmbar, vergeblich, sein Licht in die Dunkelheit zu bringen. Ich kann um mich herum nur tiefes Schwarz erkennen. Blind arbeite ich mich die ersten zwei Meter hoch, damit Vinzenz nachsteigen kann. Sogleich hat das Loch auch ihn verschlungen. Mein Körper beginnt zu zittern, ohne dass ich dagegen etwas unternehmen kann.

»Brauchst nicht zittern, Seppl. Das machen wir schon«, höre ich Vinzenz' beruhigende Stimme unter mir. Doch nicht Angst hat meinen Körper erfasst. Vielmehr ist es die Aufregung, etwas richtig Erwachsenes zu tun, die meinen Körper in jene Spannung versetzt, die dieser durch sein Zittern abzuschütteln versucht. Wieder höre ich die ruhige Stimme von Vinzenz aus dem Dunkel. »Ich bin immer unter dir. Wenn du willst, kannst du dich jederzeit auf meine Schultern stellen.«

»Der Vinzenz hat gerade den Seppl in den Kamin gesteckt!«, kann ich den Bauern draußen zu seiner Frau noch rufen hören, während Vinzenz unter mir beginnt, mit dem Schereisen die dicke Rußschicht von der Wand zu schaben. Das durchdringende kratzende Geräusch lässt mich instinktiv die Augen öffnen. Tief atme ich durch die ungeschützte Nase ein. Im selben Moment ein fürchterliches Brennen. Nun rutscht auch noch das Mundtuch nach unten. Ein würgendes Gefühl, wie kurz vorm Ersticken. Ohne Unterlass steigt der giftige Ruß von unten zu mir herauf. Wie ein Taucher vom Wasser bin ich als Ganzes von ätzendem Staub umgeben.

»Nur nicht abstürzen!«, schießt es in mir hoch. Ich presse meine Beine noch stärker an die nahe

Wand. »Ich muss wieder die richtige Atmung finden!« Ich ziehe den Mundschutz nach oben, zwinge mich trotz Schmerzen, die Augen zu schließen. »Nur durch den Mund einatmen!«, brüllt es in mir.

»Alles in Ordnung?«, höre ich Vinzenz dumpf durch seinen Mundschutz fragen. »Ja, geht schon«, krächze ich heiser zurück.

Ich zwinge mich, die Augen weiter geschlossen zu halten und rhythmisch durch den Mund ein- und die Nase auszuatmen. Das Würgen und Brennen wird schwächer. Ich atme ruhig weiter. Meine nackten Sohlen spüren die dicke, unebene Rußschicht. Schritt für Schritt schliefe ich im Rußgestöber weiter nach oben. Endlich spüre ich, dass die Luft über mir ein wenig frischer wird. Wir müssen oben angekommen sein. Trotzdem lasse ich die Augen weiter geschlossen. Den Fehler, sie zu öffnen, solange ich von Ruß umgeben bin, würde ich sicherlich kein zweites Mal machen.

Wir sind jetzt mehr als sieben Meter über dem Einstieg. Nun das Umdrehen. »Tu jetzt einfach das, was ich dir draußen gezeigt habe«, ermuntert mich Vinzenz. Darauf bedacht, mit den Beinen nicht den Halt zu verlieren, gelingt die Drehung besser, als ich zu hoffen wagte. »So Seppl, nun machen wir das Gleiche nach unten.« Während Vinzenz beim Abstieg die beiden anderen, ihm nun zugewandten Wände vom Ruß befreit, steige ich konzentriert hinterher. »Augen zu – Mund ein – Nase aus«, sage ich mir ständig in Gedanken vor. »Geschafft!«, höre ich Vinzenz unter mir rufen. »Wenn wir jetzt den Kamin verlassen, halte die Augen so lange geschlossen, bis ich dir das Gesicht abgebürstet habe.«

Ich tue, wie mir geheißen. Geduldig warte ich, bis Vinzenz den vielen Ruß mit einem kleinen Handbesen aus meinem kohlrabenschwarzen Gesicht gebürstet hat. Nun kann ich endlich meine noch immer brennenden Augen öffnen. Mein verschwommener Blick fällt auf unzählige lachende Gesichter. Der ganze Hof – die Bauern, Knechte und Mägde –, alle sind sie gekommen, um MICH zu sehen. Was ist das für ein Hallo. Ich werde mit Freundlichkeiten überschüttet, spüre unzählige Hände auf meine Schultern klopfen. Alle wollen sie mir zu meinem ersten Schliefer[4] gratulieren.

Und auch ich war richtig stolz auf mich. Konnte ich doch das Untier bezwingen, ohne auch nur ein einziges Mal auf Vinzenz' Schultern steigen zu müs-

---

4 Heute werden Schlief-Kamine in der Regel nicht mehr vom Rauchfangkehrer bestiegen, sondern mit zusammensteckbaren Glasfiberstangen – ähnlich wie beim Bohren nach Erdöl –, an denen eine Bürste mit rund sechzig Zentimeter Durchmesser befestigt wird, ausgebürstet. Da es so breite Bürsten und solche Stangen 1947 noch nicht gab, mussten diese Kamine damals noch bestiegen werden.

sen – und ich hatte gelernt, wie wichtig es ist, in schwierigen Situationen nicht an das zu denken, was alles passieren könnte, sondern vielmehr an das, was ich dazu beitragen kann, dass es gelingt. Eine Erfahrung, die mich bis ins hohe Alter beeinflussen sollte.

Mit geröteten Augen, doch voller Glücksgefühle und in meinem Berufswunsch gestärkt, aber auch um die Erkenntnis reicher, wie wichtig es ist, in schwierigen Situationen Nerven zu bewahren, trat ich mit Vinzenz die Weiterfahrt an. Ich fühlte mich richtig groß und stark, auch wenn ich äußerlich noch immer der kleine, schmächtige Seppl war. Und ich wusste: Dies war nicht der letzte Ausflug, den ich gemeinsam mit Vinzenz machen würde.

7

Vorbereitung

»Sobald ich alt genug bin, werde ich den Betrieb übernehmen«, erklärte ich mit vierzehn meinem Vater, der sich langsam dem Pensionsalter näherte. Zwar war mir trotz meiner Jugend nicht entgangen, dass es mit dem Betrieb nicht zum Besten stand – musste doch immer öfter an allen Ecken und Enden gespart werden. Doch ich war mir sicher, dass ich es schaffen konnte, den Betrieb auf gesunde Beine zu stellen. Und ich hatte einen Plan.

Zuerst würde ich mir einen Lehrherrn mit gut funktionierendem Betrieb suchen, wo ich mir all das aneignen könnte, was nötig war. Mir war vom Hörensagen bekannt, dass es in Zeltweg – einer kleinen Industriestadt, zehn Kilometer entfernt – einen tüchtigen Rauchfangkehrermeister gab, der nicht nur seinen Betrieb vorbildlich führte, sondern auch einmal in der Schweiz gewesen war und von dort viele fortschrittliche Arbeitsmethoden mitgebracht hatte. Den Meister Habian. Doch war dieser auch bereit, mich zum Rauchfangkehrer zu machen?

Ein Vorstellungsgespräch sollte Klarheit bringen. Auf nach Zeltweg. In einer ruhigen Seitengasse nahe dem Hauptplatz leuchtete mir bereits von Weitem das schmucke, gelbe Haus entgegen, über dessen Eingang ein geschmiedetes Zunftzeichen keinen Zweifel daran ließ, dass hier ein Rauchfangkehrer wohnte. Was für ein Unterschied zu dem eher trostlos wirkenden Klotz, in dem mein Vater seiner Arbeit nachging und wir zu Hause waren.

Da saß ich nun Meister Habian gegenüber, einem sympathischen blonden Dreißiger mit wettergegerbtem Gesicht. Der ließ sich nicht davon beeindrucken, dass ich allzu zarter Knabe so gar nicht dem Bild eines Rauchfangkehrers entsprechen wollte. Ihn schien nur eines zu interessieren. »Warum willst du Rauchfangkehrer werden?« Begeistert erzählte ich von den Ausfahrten mit Vinzenz, von meinem ersten Schliefer, von den Werkzeugen, die ich bereits alle kannte, und davon, dass ich mir nichts Schöneres vorstellen konnte, als auch selbst einmal ein Rauchfangkehrermeister zu sein.

Bereits drei Tage später sollte meine Lehrzeit beginnen. Mir wurde ein Zimmer im Obergeschoß des schmucken Hauses zugeteilt, das ab jetzt meine neue Bleibe war. Danach stellte mich Meister Habian dem Gesellen vor, unter dessen Obhut ich die nächste Zeit stehen sollte und den ich mit »Herr Karl« anzusprechen hatte. Als dieser mich erblickte, vierzehn Jahre alt, 148 Zentimeter groß und achtunddreißig Kilo schwer, sah er wohl eine gar unmögliche Aufgabe auf sich zukommen. Denn ich konnte hören, wie er – in der Annahme, ich würde es nicht mitbekommen – dem Meister zuflüsterte: »Herwig, was soll ich denn mit diesem zarten Kind nur machen?« Doch Meister Habian beruhigte ihn. »Der Kleine kann mehr, als man ihm ansieht. Er war auch bereits in einem Schliefer. Ich denke, er wird seine Arbeit schon machen.«

Nachdem ich nun auch Herrn Karl kennengelernt hatte, verfrachtete mich Meister Habian in sein Auto – er war hier der Einzige, der damals ein eigenes Auto besaß –, um mit mir zum Lederhosenmacher zu fahren. Endlich! Es war so weit. Ich sollte das hirschlederne, schwarze Gewand, das »Rußgewand« des Rauchfangkehrers bekommen. Dies würde allen zeigen, dass auch ich nun ein Glücksbringer war. Kurze Zeit später wurde ich bereits vom Hosenmacher vermessen, der es sich nicht verkneifen konnte, mich darüber zu informieren, dass dies wohl das kleinste Rußgewand war, das er je zu machen hatte. Doch das konnte meine Freude nicht trüben. Nach einigen Tagen schon konnte ich das robuste Prachtstück in Händen halten. Der Alltag als Lehrling konnte beginnen.

Das Frühstück nahmen wir ein, wenn es noch dunkel war. Danach legte ich sofort mein neues, wunderbares Ledergewand an. Und ab ging es mit Herrn Karl in den Kehrbezirk. Bereits am dritten Tag wurde ich erstmals vor eine Aufgabe gestellt, wo meine körperliche Kleinheit zum Problem werden sollte – ganz so, wie es mein Geselle in seinen Bedenken vorausgesagt hatte. Unsere Tour führte uns zu Zeltwegs Mietskasernen – mehrstöckige Gebäude mit unzähligen Wohnungen, zu deren üblicher Ausstattung die heute kaum mehr gebräuchlichen Tischherde gehörten. Diese schreibtischgroßen, mit Kohle betriebenen Kombinationen aus Heizofen und Kochherd sollten meine erste große Herausforderung als Lehrling sein. Musste doch die äußerst schwere, massive Eisenplatte, auf der gekocht wurde, nach oben geklappt werden.

Herr Karl macht es vor. Routiniert steckt er sein Schereisen in die schmale Rille zwischen Ofen und Platte und hebelt diese hoch, bis ein kleiner Spalt entsteht. Dann packt er mit der anderen Hand zu und klappt die Platte wie einen Truhendeckel nach oben. Nun kann er das Innenleben des eisernen Ungetüms bequem von seinen Verkrustungen befreien.

In der nächsten Wohnung bin ich an der Reihe. Auch ich klemme mein Schereisen in den Spalt. Es gelingt mir, die Platte ein Stück in die Höhe zu hebeln. Doch mein Versuch, sie mit der anderen Hand hochzuklappen, scheitert kläglich. Immer wieder versuche ich es. Doch es will nicht gelingen. Schwitzend stehe ich vor dem klobigen Ofen. »Nur nicht aufgeben!«, schießt es mir durch den Kopf. Mir ist klar, dass ich es auf diesem Wege niemals schaffen werde. Ich bin einfach zu klein. »Ich muss mir etwas anderes einfallen lassen ...« Sekunden später klettere ich vor Herrn Karls staunenden Augen auf den Herd. Flink stecke ich mein Schereisen in die Rille zwischen Ofen und Platte, heble diese hoch, greife mit den Fingern der anderen Hand in den Spalt und klappe, auf dem Ofen stehend, die Platte mit beiden Händen zu mir hoch. Aus dieser Position ist es fast ein Kinderspiel.

»Das habe ich noch nie gesehen. Darauf muss man erst einmal kommen!«, lacht Herr Karl. Und auch die Wohnungsinhaberin mustert schmunzelnd den kleinen Wicht, der gerade den Kampf mit der Eisenplatte gewonnen hat.

Dreißig weitere Herdplatten sollten an diesem Tag noch folgen, die alle von mir auf die gleiche Weise bewegt wurden – was nicht nur bei den Kunden für heiteren Gesprächsstoff sorgte. Auch Meister Habian, dem Herr Karl sofort nach unserer Rückkehr von meinem akrobatischen Kunststück erzählen musste, amüsierte sich prächtig. »Hab ich dir's doch gesagt, Karl, der Seppl wird seine Arbeit schon machen.«

8

Reisefieber

»Das ist für mich ein Vorteil!«, schoss es mir durch den Kopf. Wir hatten gerade einen dunklen Dachboden durchquert. Über eine enge Luke sollte es zum Kehren raus aufs Dach gehen. Doch unvermittelt hatte uns ein lautes, dumpfes Geräusch gestoppt. Au, das musste wehgetan haben! Herr Karl hatte sich an einem der vielen Balken den Kopf gestoßen. Er hielt sich die Stirn. Und mir wurde schlagartig klar: »Das ist ein Vorteil, dass ich klein bin.« Tatsächlich war ich zu klein, um den Balken zu berühren. Und auch durch die enge Luke ging es für mich leichter als für Herrn Karl. Ebenso brauchte ich in einem Schliefer sicherlich nicht so viel Platz wie er. »Es ist ein Vorteil, ein kleiner Rauchfangkehrer zu sein«, wiederholte ich in Gedanken.

Und tatsächlich sollte sich mit der Zeit herausstellen, dass nur die schweren Eisenplatten der Tischherde für mich ein Nachteil waren. Überall sonst erwies sich der scheinbare Makel, klein und zierlich zu sein, vielmehr als Vorteil. Im Laufe der Zeit kam ich auch immer mehr zum Schluss, dass die Rauchfangkehrerei der ideale Beruf für Frauen sei. Als

Lehrling Josef, der Kleinste unter den Kollegen

Meister, Jahre später, war ich dann einer der Ersten, der auch weibliche Lehrlinge beschäftigte. Doch bis dahin gab es für mich noch viel zu lernen.

Inzwischen hatte ich mich an meinen Lehrlingsalltag gewöhnt. Die Wochentage verbrachte ich bei Meister Habian in Zeltweg, wo ich immer mehr zu einem »richtigen« Rauchfangkehrer wurde. Die Wochenenden hingegen war ich meist zu Hause in Judenburg. Nur einmal jährlich wurde dieser gewohnte Ablauf unterbrochen. Dann, wenn ich für sechs Wochen in die Berufsschule musste, nach Lilienfeld – eine kleine Stadt in den niederösterreichischen Voralpen. Der Zug sollte mich in den zweihundert Kilometer entfernten Ort inmitten der russischen Besatzungszone bringen. Doch dies war nur mit oftmaligem Umsteigen, verbunden mit langen, lähmenden Wartezeiten möglich, was die Anreise zu einer äußerst langweiligen kleinen Weltreise machte. Noch während der öden Fahrt war mir klar: »Nächstes Jahr fahre ich mit dem Rad.«

Fit genug fühlte ich mich. Denn nicht nur die Arbeit trainierte meinen Körper. Mittlerweile hatte es mir auch das Joggen, das man 1954 noch Dauerlauf nannte, angetan. Weder Funktionskleidung noch Laufschuhe waren erfunden. Trotzdem war ich an den Wochenenden immer öfter in den umliegenden Bergen zu finden, wo ich in gewöhnlicher Straßenkleidung und mit abgenutzten Halbschuhen, so schnell es ging, Richtung Gipfel lief. Meine Neugierde trieb mich an: Ich wollte wissen, was mir möglich war. So lief ich eines frühen Sommermorgens in Judenburg los, um sechsundzwanzig Kilometer später voller Glücksgefühle am Gipfel des Zirbitzkogels zu stehen. Dort, auf 2396 Meter, auf dem höchsten Berg der Seetaler Alpen und dem höchsten Punkt der Region, ließ ich in der Morgensonne meinen Blick über die majestätische Landschaft gleiten. Was für ein wunderbarer Moment. Ich war in zweieinhalb Stunden eine Strecke gerannt, für die Bergwanderer rund sieben Stunden benötigten. Und das ohne Atemnot!

Die nächste Herausforderung musste her. Wie gut, dass eine Tante die dreißig Kilometer entfernte Klosterneuburger Hütte – ein Schutzhaus in 1900 Meter Höhe – betrieb. Keine Straße führte damals nach oben. Alles, was im Schutzhaus angeboten wurde, musste hierherauf getragen werden. Bald hatte ich einen Rucksack mit zwanzig Kilo auf dem Rücken, um Zucker und andere Handelsware, so schnell ich konnte, nach oben zu bringen.

Ich fühlte mich wirklich stark, als ein Jahr später – Anfang Mai – mein alter Wecker kurz nach Mitternacht die Fahrt in die Berufsschule einzuläuten begann.

Viele Male hatte ich mir die Route auf der Karte angesehen. »Von Judenburg nach Mürzzuschlag, weiter über den Semmering, dann links Richtung Höllental …« Ich hatte die gesamte Strecke im Kopf. Bereits am Vorabend war alles gerichtet – die Reifen meines alten Fahrrads aufgepumpt, die Kette geschmiert und mein kleiner brauner Koffer mit den silbernen Metallecken am Gepäckträger festgebunden. Um achtzehn Uhr ging ich zu Bett, um sechs Stunden später bei sternenklarem Himmel meine Reise nach Lilienfeld anzutreten. »Wenn ich zwanzig Kilometer in der Stunde schaffe, werde ich bereits zu Mittag in Lilienfeld sein«, so mein Plan. Doch es sollte anders kommen.

Denn eines hatte mir die Straßenkarte nicht gezeigt: die vielen Höhenunterschiede, die meine Fahrt mit dem schweren Rad, das keine Gangschaltung hatte, zu einer stetigen Berg- und Talfahrt machten. Auch den schlechten Zustand der Straßen hatte sie mir verschwiegen. Immer wieder wurde ich von tiefen Schlaglöchern überrascht und durchgeschüttelt, die ich im schwachen Schein der Radlampe unmöglich sehen konnte.

Dann endlich: Sonnenaufgang. Von der Sonne ist allerdings nichts zu sehen. Dunkle Wolken tun sich auf. Starker Regen setzt ein und bleibt bis Lilienfeld mein Begleiter. Doch mein Ziel zieht mich magisch an. Ich strample weiter. Ohne Regenschutz. Wieder bergauf. Bergab lasse ich es laufen, trete zusätzlich in die Pedale, um noch schneller voranzukommen. Dann erneut bergauf. Ich bin klatschnass vom Regen und scheine mich von der Freude am Tun zu ernähren. Weder Hunger noch Durst können meine Fahrt unterbrechen. Ich beschließe, bis zum Semmering – dem Gebirgspass, der die britisch besetzte Steiermark mit dem russisch besetzten Niederösterreich verbindet – durchzufahren. Erst an der höchsten Stelle will ich eine Pause einlegen. Elf Stunden bin ich bereits unterwegs. Der Kontrollposten der russischen Besatzer taucht am Straßenrand auf. Ich fahre an dem winzigen, braunen Holzhäuschen vorbei. Bei dem schlechten Wetter scheint sich keiner der Soldaten für mich zu interessieren. Nicht einmal meinen Identitätsausweis, der für das Überschreiten der Zonengrenze benötigt wird, will jemand sehen. Nun erreiche ich die höchste Stelle des Passes. Stehen bleiben? Auf keinen Fall. Jetzt geht es doch viele Kilometer nur bergab. Kein Grund für eine Pause. Das sechzehn Kilometer lange Höllental taucht vor mir auf. Eine Zeitlang fahre ich einen reißenden Fluss entlang, Gewittergrollen begleitet mich.

Mehrere Gaststätten säumen meinen Weg. Sie erinnern mich daran, dass ich etwas essen sollte. Ich bleibe stehen, suche nach dem trockenen Brot, das ich zu Hause eingesteckt habe. Doch nur die Rinde ist übrig geblieben und erreicht meinen Magen. Der Rest hat sich im Regen längst aufgelöst. Ein emotionaler Einbruch, meine Gefühle machen mir gehörig zu schaffen. Es ist doch bereits Nachmittag und ich bin völlig durchnässt, meine Muskeln werden schwächer und noch immer habe ich mein Ziel nicht erreicht.

Da fällt mir plötzlich der Zirbitzkogel ein. Ich sehe den Gipfel vor meinem inneren Auge. Auch den hatte ich bezwungen. Ich konzentriere mich auf den nächsten Ort. Den will ich unbedingt erreichen. Meine Kräfte kehren zurück. Das Tief ist überwunden. Von Ort zu Ort steigt meine Laune. Um einundzwanzig Uhr taucht die Berufsschule schemenhaft im dichten Regen auf. Endlich da.

Schnell hatte sich herumgesprochen, dass ein Verrückter aus der Steiermark gerade mit dem Rad angekommen sei. Schüler und Lehrer liefen zusammen. Noch nie war ein Lehrling mit dem Rad angereist. Ich wurde mit Fragen überschüttet. »Wann bist du zu Hause weggefahren?« »Wie war die Fahrt bei diesem Wetter?« »Bist du von den Russen nicht aufgehalten worden?« Nachdem ich alle Fragen beantwortet, meine durchnässte Kleidung aufgehängt, meinen vom Regen fast aufgelösten Koffer geöffnet und dessen feuchten Inhalt zum Trocknen im Zimmer verteilt hatte, fiel ich erschöpft, aber zufrieden in einen tiefen Schlaf. Die Schule konnte beginnen.

9

Geschäftsideen

Die Berufsschule war am Ortsrand von Lilienfeld in einer riesigen mittelalterlichen Klosteranlage untergebracht. So wurden die prunkvollen Gemäuer des Stiftes Lilienfeld für sechs Wochen zu meiner neuen Heimat. Das Kloster hatte in den letzten Kriegstagen einige wuchtige Treffer abbekommen, die wegen der immensen Kosten des Wiederaufbaus noch immer nicht ganz beseitigt waren. Das dürfte wohl auch der Grund gewesen sein, dass sich die Padres entschlossen hatten, Teile des Klosters an die Berufsschule zu vermieten. Während Lehrer für unsere fachliche Weiterbildung zuständig waren, hatten die Padres für unser leibliches Wohl, aber auch für die Gestaltung unserer Freizeit die Verantwortung übernommen. So waren wir als Gäste des Klosters auch den strengen Regeln des Ordens unterworfen. Das hieß, dass wir die Klostermauern wochentags nicht verlassen durften.

Vielmehr wussten die Mönche uns in der unterrichtsfreien Zeit mit dem Besuch des Gottesdienstes, der Abnahme der Beichte und anderen katholischen Riten zu beschäftigen. Erst ab Samstag, dreizehn Uhr war es uns erlaubt, das Kloster zu verlassen. Diese strenge Regelung sollte mir meine erste selbstständige Tätigkeit, und zwar als Transportunternehmer, bescheren. Denn unter den vielen älteren Schülern, die es hier gab – meist Männer, die im Krieg gewesen waren und jetzt die Chance nutzten, ihre Berufsausbildung nachzuholen –, waren unzählige Raucher. Doch es war schwer, hier an Zigaretten zu kommen. Die einzige Möglichkeit war, diese in einem sechzehn Kilometer entfernten USIA-Betrieb[5] zu kaufen. Das war ein von den Russen verwaltetes Geschäft, das zu günstigen Preisen russische Waren aller Art anbot – auch Zigaretten.

Dieses Geschäft hatte jedoch am Samstag nur bis fünfzehn Uhr geöffnet, so war es niemandem möglich, rechtzeitig dort hinzukommen. Außer mir.

---

5 USIA ist die Abkürzung für Uprawlenje Sowjetskim Imuschestwom w Awstrij, was auf Deutsch so viel wie Verwaltung des sowjetischen Vermögens in Österreich bedeutet. Aufgrund eines Beschlusses der Potsdamer Konferenz vom 1. August 1945 war es den Besatzungsmächten erlaubt, das in ihrer Zone befindliche »deutsche Eigentum« zu beanspruchen, was die Sowjetunion im Gegensatz zu den Westmächten auch tatsächlich tat. So wurden in Österreich die gesamte Erdölindustrie, viele Firmen der Eisen-, Stahl- und Elektroindustrie und zahlreiche Gewerbe- und Handelsbetriebe für die Zeit von 1946 bis 1955 russisch. In USIA-Betrieben fanden 53.000 Menschen Arbeit. Die Unternehmensgewinne kamen der Besatzungsmacht als Wiedergutmachungsleistung zugute.

Denn ich hatte ja mein Fahrrad dabei. So sah man mich – von einigen Rauchern angeheuert – bereits am ersten Samstag flink zum Laden radeln. Wieder retour, wurde ich schon ungeduldig von meinen Auftraggebern erwartet, die, nachdem ich ihnen die heiß ersehnten Päckchen ausgehändigt und sie mich mit ordentlich Trinkgeld versehen hatten, bald von bläulichen Wolken umgeben waren. Schnell sprach es sich herum, dass ich als »Dealer« zu haben war. So radelte ich Samstag für Samstag mit einer immer umfangreicheren Auftragsliste durch die schöne Landschaft, trainierte dabei meinen Körper, genoss die Freiheit, die mir mein Fahrrad bot, und verdiente gleichzeitig mein erstes Geld als »selbstständiger Unternehmer«.

Nie hätte ich gedacht, dass das alte Rad mir solch gute Dienste leisten würde. Wenngleich es bereits viele Jahre auf dem Buckel hatte, war es noch immer gut in Schuss. Selbst der goldfarbene Schriftzug *PUCH* war am Rahmen noch zu erkennen. Ich konnte mich noch gut erinnern, wie verwundert ich vor Jahren gewesen war, dass es Fahrräder gab, auf denen mein Nachname zu lesen war. Auch die Fahrräder, die mein Vater und Vinzenz auf ihrer Tour benutzten, waren mit demselben Schriftzug versehen. Neugierig wollte ich damals von Vater wissen, was es denn mit diesen Puch-Rädern auf sich hatte.

So begann er zu erzählen:

»Als Österreich noch Monarchie war, gab es in unserer Familie einst mehrere Brüder. Einer davon, dein Urgroßvater, entschloss sich, Rauchfangkehrer zu werden. Sein Bruder Johann, dein Urgroßonkel, wurde Schlosser. Niemand in der Familie ahnte damals, dass er einmal einer der erfolgreichsten Unternehmer der österreichisch-ungarischen Monarchie sein würde. Bereits als junger Mann interessierte er sich für alles, was mit Technik in Verbindung stand. So dauerte es nicht lange, dass er in Graz – später wurde dort sogar eine Straße nach ihm benannt – in einer kleinen Werkstatt die ersten Fahrräder produzierte.

Ständig ist er am Tüfteln. Ist unzufrieden, dass Fahrradspeichen so leicht brechen. Endlich die entscheidende Idee. Sie dürfen nicht den direkten Weg von der Nabe zur Felge nehmen, sondern müssen sich überkreuzen. Seine Räder sind ab nun stabiler als alle anderen und werden zum großen Erfolg. Dann die Gründung der Puch-Werke. Nun werden auch Motorräder produziert. Auf der Rennstrecke lehren sie die Gegner das Fürchten. Dann das erste Auto. Aber nicht in der Ebene wird es getestet. Nein. Es muss der Grazer Schlossberg sein, der inmitten der Altstadt in die Höhe ragt. Mit Bravour meistert sein Auto die lange, besonders steile Straße.

Bald gehört auch die Kaiserfamilie zu seinen Kunden. Und immer wieder macht er auf sich aufmerksam, erzielt mit einem Puch-Auto den damaligen Geschwindigkeitsrekord. Über 130 Stundenkilometer sollen es gewesen sein.«

Vater machte eine kurze Pause. »Wenige Tage vor dem Ausbruch des Ersten Weltkrieges starb Johann viel zu früh. Doch die Speichen unserer Fahrräder überkreuzen sich heute noch immer.«[6]

Als Vater mit seiner Erzählung geendet hatte, nahm er mich mit in den Keller, wo neben den Rädern, die täglich von den Rauchfangkehrern verwendet wurden, stark verstaubt noch ein weiteres stand. Während ich mit einem gezielten Blick überprüfte, ob sich die Speichen der Räder tatsächlich kreuzten, zeigte Vater auf das verstaubte Rad. »Das hat meinem Vater gehört. Ich denke, dass es auch dir noch gute Dienste leisten wird.«

So wurde ich stolzer Besitzer eines Fahrrads, das meinen Namen trug und mich nicht nur zuverlässig von Judenburg nach Lilienfeld brachte. Sondern das alte Rad war auch dafür verantwortlich, dass ich ein Jahr später mit einem nagelneuen Moped,

---

6 Der Betrieb heißt heute »Magna«. Im alten Puch-Werk in der Grazer Puchstraße, dem sogenannten »Einser-Werk«, befindet sich heute noch eine denkmalgeschützte Halle, die das Grazer Johann-Puch-Museum beherbergt.

finanziert mit den Einnahmen als Zigarettendealer, meine Reise in die Berufsschule antreten konnte.

10

Der Koreaner

Als meine Lehrzeit begann, lag in Ostasien gerade der Koreakrieg[7] in den letzten Zügen. Dass dieser Konflikt, tausende Kilometer von Zeltweg entfernt, auch für mich eine Rolle spielen würde, konnte ich zu diesem Zeitpunkt noch nicht ahnen.

Mit meinen achtunddreißig Kilogramm und 148 Zentimeter Körpergröße vermittelte ich damals den Eindruck, eher ein achtjähriges Kind als ein vierzehnjähriger Lehrling zu sein. Da ich – so klein und zierlich – mein Haar immer kurz geschoren trug und als Rauchfangkehrer nur mit rußverschmiertem Gesicht anzutreffen war, hielten mich viele, die mich so sahen, für einen kleinen Asiaten. Denn ein Kind konnte es doch wohl nicht sein, das Meister Habian da beschäftigte.

»Wo hast du denn den Kleinen aufgegabelt?«,

7 Der Koreakrieg (1950–1953) war eine bewaffnete Auseinandersetzung zwischen Nord- und Südkorea. Beide Seiten wollten die Wiedervereinigung Koreas unter ihrer eigenen Führung erzwingen. Erst nachdem 940.000 Soldaten und drei Millionen Zivilisten umgekommen waren, wurde am 27. Juli 1953 ein Waffenstillstandsabkommen geschlossen. Jedoch ist von beiden Staaten bis heute kein Friedensvertrag unterzeichnet worden.

fragte eines Tages ein neugieriger Kunde den Meister. Er sprach leise. Denn ich – an diesem Tag des Meisters Gehilfe – sollte seine Worte keinesfalls hören. Und doch bekam ich alles mit. »Das ist doch ein Japaner, oder?«, zischelte er dem Meister zu. Plötzlich hatte Meister Habian, der immer für einen Scherz zu haben war, eine kuriose Idee.

»Nein, das ist kein Japaner. Er ist ein Koreaner, der vor dem Krieg in seinem Heimatland geflüchtet ist«, hörte ich ihn sagen, während er mir unauffällig zuzwinkerte. Ich verhielt mich still, amüsierte mich prächtig und wartete ab, was da noch geschehen würde. Mein Chef war nicht mehr zu bremsen. »Der Kleine ist schon dreißig Jahre alt. Er hat in Korea acht Kinder zu ernähren, die er mit mehreren Frauen hat.«

»So, jetzt wird der Spaß ein Ende haben. Das ist doch wirklich zu dick aufgetragen«, dachte ich mir heimlich. Doch nichts dergleichen geschah. Vielmehr wurde den Worten des seriösen Unternehmers Habian größter Glauben geschenkt, sodass das Gerücht immer weiter die Runde machte. Nun war vielen alles klar. Hatten sie mich doch immer nur als schweigsamen, fleißigen Arbeiter erlebt. Dies – so glaubten sie jetzt zu wissen – nicht deshalb, weil ein Lehrling damals nicht viel zu sagen hatte, sondern weil ich eben ein Asiate war, der nur Koreanisch sprach. Und das, obwohl es genügend Kunden gab, die mein Deutsch zu hören bekamen. Doch das Gerücht hielt sich standhaft – und wir hatten unseren Spaß daran:

»Geh in die Waschküche und reinige den Kessel«, fordert mich Meister Habian auf, als ich wieder einmal sein Gehilfe bin. »Kiri kiri«, antworte ich leise und die Dame des Hauses mustert mich mit fragendem Blick. »Jetzt habe ich ganz vergessen, dass ich mit dem Koreaner ja nicht Deutsch sprechen kann.« Meister Habian ist der perfekte Schauspieler. »Mari wat keke«, kommt es nun scheinbar koreanisch aus seinem Mund. Da ich ja bereits den deutschgesprochenen Auftrag verstanden habe, packe ich mein Werkzeug und verschwinde folgsam mit den Worten »Sisi, i i koko« Richtung Waschküche, nicht ohne zu bemerken, wie erstaunt die Frau darüber ist, dass mein Lehrherr so gut Koreanisch spricht. »So ein netter Koreaner«, höre ich sie noch sagen, bevor ich im Keller verschwinde.

Während ich, der »Koreaner«, im Keller den Kessel reinige, unterhalten sich die beiden im Erdgeschoß weiter. »Was macht er denn mit dem ganzen Geld, das er bei Ihnen verdient?« »Er schickt alles nach Korea für seine Frauen und Kinder. Die brauchen doch einiges zum Leben.«

Bereits kurze Zeit später ist die Arbeit getan. Mit

einem gut hörbaren »Auf Wiedersehen« geht der Meister voran, während ich mit einer tiefen Verbeugung Abschied nehme. Da, eine schnelle Handbewegung. Unauffällig steckt mir die Frau ein paar Groschen zu. »Für dich. Aber Meister nix sagen«, flüstert sie mit einem Nicken in meine Richtung. Ich nehme die Münzen mit einer kleinen angedeuteten Verbeugung entgegen und flüstere schüchtern zurück: »Sisi, ki.«

So kam es während meiner Lehrzeit immer wieder vor, dass ich ein wenig »Koreanisch« sprach. Wenn ich dann – frisch gewaschen und adrett gekleidet – zufällig jene auf der Straße traf, die mit dem »Koreaner« bereits zu tun gehabt hatten, erkannten sie mich nicht. Keine Regung deutete darauf hin, dass sie wussten, wer ich war. Schien ich doch nur ein schmächtiger Junge mit »blütenweißem« Gesicht zu sein, der da ihren Weg kreuzte.

II

Das Experiment

»Sobald ich alt genug bin, werde ich den Betrieb übernehmen«, hatte ich meinem Vater einst versprochen. Nun war die Lehrzeit beendet und ich meinem Ziel ein gehöriges Stück nähergekommen. Ich war überzeugter denn je, den Familienbetrieb, der sich gerade noch so über Wasser hielt, auf gesunde Beine stellen zu können. Hatte doch Meister Habian aus mir in den letzten Jahren nicht nur einen passablen Rauchfangkehrer gemacht. Er war im Laufe der Zeit auch zu einem väterlichen Freund geworden, der mir vieles zeigte, was nötig war, um einen eigenen Betrieb erfolgreich zu führen. Allein ein guter Rauchfangkehrer zu sein war dafür wirklich zu wenig, dies hatte mir mein Vater nur allzu realistisch vor Augen geführt. Doch die Wahl meines Lehrherrn hätte ich ja nicht besser treffen können.

So konnte ich – von ihm gut vorbereitet – die Gesellenprüfung bestehen und kehrte als frischgebackener Geselle in den elterlichen Betrieb zurück. Nur noch drei Jahre trennten mich jetzt von der heiß ersehnten Meisterprüfung. Und ein wenig später, mit vierundzwanzig Jahren, würde ich dann endlich den Betrieb übernehmen dürfen. »Bis dahin werde ich alles tun, was mir möglich ist, um den Betrieb am Laufen zu halten«, nahm ich mir, der neue Geselle, vor.

Doch zuvor wollte ich mir noch einen lang ersehnten Wunsch erfüllen. Hatte ich doch die Gesellenprüfung mit Auszeichnung bestanden. Das sollte belohnt werden. Flugs ersetzte ich mein geliebtes Moped durch das Motorrad meiner Träume, eine gebrauchte PUCH 150[8], erzeugt im alten Werk meines findigen Urgroßonkels. Sechsundneunzig Kilogramm bester Ingenieurskunst in hellem Blau konnte ich ab jetzt mein Eigen nennen.

Im jugendlichen Übermut liebte ich es, mit dem schnittigen Gefährt die damals noch kaum befahrenen Straßen der Region unsicher zu machen. Das dumpfe, satte Brummen des Motors, der Geruch des Benzins, der Fahrtwind im Gesicht. Ich genoss alles in vollen Zügen. Bis es geschah.

Ich fahre einen schmalen Feldweg entlang. Das Blech glänzt blau in der Mittagssonne. Saftig grüne Wiesen ziehen an mir vorüber. Dann braune Äcker

---

8 Die PUCH 150 war ein Motorrad mit sieben PS, welches von 1951 bis 1953 produziert wurde und nur in der Farbe Hellblau erhältlich war. Höchstgeschwindigkeit: fünfundachtzig Stundenkilometer.

neben mir. Geradeaus. Ein wenig nach rechts. Die Räder vibrieren rhythmisch den holprigen Weg entlang. Gut halte ich den Lenker fest, ziehe leicht den Bremshebel an, kupple, schalte. Nun hart nach rechts. Auf einmal nur mehr Staub um mich herum. Ein kurzes, fast mitleidiges Aufheulen des Motors. Jetzt nur noch Stille und Schmerz, der mir den Atem raubt. Irgendwie gelingt es, das Bein vom gestrandeten Blech zu befreien. Aufstehen. Ein Stich durchs rechte Knie. Egal. Ich muss weiter. Sechsundneunzig Kilo Eisen wehren sich. Endlich hochgewuchtet. Nach mehreren Versuchen schaffe ich es, den Motor in Gang zu bringen. Vorsichtig fahre ich nach Hause.

Der schnell herbeigerufene Hausarzt machte ein besorgtes Gesicht. Ab ins Krankenhaus. Rein in den Gips, der zum Gehen gedacht war. Zurück ins Leben – mit dem Rat versehen, dass Abwarten nun die einzige Option sei. Viele Wochen später: ein steifes rechtes Bein, von jetzt bis ans Ende meiner Tage – so die ärztliche Meinung, die ich, nicht mal neunzehn, ganz und gar nicht akzeptieren wollte. Ich war schmerzfrei. Doch das Kniegelenk wollte sich nicht mehr bewegen. Zu lange war es ruhiggestellt gewesen, was ein großer Fehler war. Niemand konnte helfen. Doch damit wollte ich mich nicht zufriedengeben. »Ich muss eine Lösung finden!«

Tage zermarterte ich mir den Kopf. Endlich eine Idee! Eine Idee, die wohl jedem Arzt das blanke Entsetzen in die Augen getrieben hätte, wäre er über mein Vorhaben unterrichtet gewesen. Ohne mich um ärztliche Weisheiten zu kümmern, stellte ich eine Holzbank im Keller bereit. Daneben ein Jutesack, mit Sand gefüllt. Das Experiment konnte beginnen.

Bereits am frühen Morgen setze ich mich auf die Bank. Wie ein Fremdkörper, über den ich keine Macht habe, starr wie aus Holz steht das Bein von mir weg. Mit aller Kraft hebe ich den Sandsack hoch. Wuchte ihn auf das funktionslose Bein. Er kommt auf dem Unterschenkel zu liegen. Ich harre aus. Hoffe, dass das schwere Gewicht dem Bein die verlorene Bewegung zurückgeben wird. Doch nichts.

Tag für Tag humple ich frühmorgens in den Keller, setze mich hin, beschwere das unnütze Bein, um mich einige Zeit später unzufrieden wieder nach oben zu kämpfen. Dann endlich. Das Gelenk beginnt kaum merklich nachzugeben. Ein Schmerz begleitet diese mehr als geringe Bewegung. Hoffnung. Ich mache weiter. Tag für Tag, Woche für Woche. Immer stärker wird die Bewegung.

Dann endlich. Tränen der Freude laufen über meine Wangen. Nach mehr als einem Jahr der Qualen bin ich geheilt. Und die Heilung hält an – bis heute.[9]

9 Natürlich ist diese Vorgehensweise keinesfalls zur Weiterempfehlung geeignet. Doch glücklicherweise ist die medizinische Wissenschaft seit den 1950er Jahren so weit vorangeschritten, dass jene Fehler, die damals Josefs Bein versteifen ließen, heute kaum mehr möglich sind.

12

Neunzehn

Meine Gesellenzeit verlief ziemlich gut. Nicht nur, dass ich mein lädiertes Bein wieder zum Laufen brachte. Auch zur Gesundung des verschuldeten Familienbetriebes konnte ich dank des bei Meister Habian erworbenen Wissens bereits ein wenig beitragen. Ich hatte ein Sanierungskonzept erstellt und die Ausgaben reduziert. Säumige Kunden wurden nun endlich gemahnt, was mein viel zu gutmütiger Vater meist verabsäumt hatte. Auch die Arbeitsabläufe konnte ich verbessern, sodass nun mein Arbeitstag um vier Uhr früh begann und bereits um vierzehn Uhr zu Ende ging. So blieb mir noch genügend Zeit, um mich freiwillig bei der Feuerwehr zu engagieren, viel Sport zu treiben und meine erste Liebe, die ich vor Kurzem kennengelernt hatte, zu genießen.

Alles schien wirklich gut zu laufen. Doch nur allzu bald drohte ein unerwartetes Ereignis meine schönen Pläne zu vernichten. Mein Vater starb. Schmerz und Traurigkeit waren unvermittelt in mein Leben getreten. Und auch das Aus des Betriebes schien damit besiegelt zu sein. Denn ein Geselle durfte keinen

Betrieb leiten. Erst mit einundzwanzig[10] die Meisterprüfung, erst mit vierundzwanzig Jahren ein eigener Betrieb – so gaben die Vorschriften es klar und deutlich vor. Was tun? Aufgeben, weil ich erst neunzehn war? All die Pläne fallen lassen? Den Betrieb einfach anderen überlassen? Kandidaten gab es ja genug. Wie die Aasgeier warteten sie schon darauf, die begehrte Konzession zu übernehmen, die nun frei zu werden schien. Verständlich. Denn nur solch eine Autorisierung weist einen Kehrbezirk zu und erlaubt damit dem Meister den eigenen Betrieb.

»Zu jung. Keine Meisterprüfung. Keine Möglichkeit, die elterliche Konzession zu übernehmen. Keine Voraussetzungen, um weitermachen zu können«, zählte ich für mich die traurigen Fakten auf. »Doch aufgeben? Niemals!« Alles in mir wehrte sich gegen den Gedanken zu scheitern. »Nein, aufgeben will ich nicht. Es muss eine Lösung geben«, versuchte ich mich aufzumuntern. Ich wollte alles tun, was mir möglich war. Doch wie gegen ein Gesetz ankommen, das in Stein gemeißelt schien?

»Seppl, ich habe da eine Idee«, meldete sich Meister Habian zu Wort, der mir auch in dieser schweren

---

10 Die Meisterprüfung darf in Österreich nur ablegen, wer volljährig ist. Zum damaligen Zeitpunkt war dies das 21. Lebensjahr. Das Alter der Volljährigkeit wurde jedoch 1973 auf das 19. und 2001 auf das 18. Lebensjahr herabgesetzt.

Zeit zur Seite stand. Hoffnung kam auf. »Vielleicht können wir für dich eine Sondergenehmigung erwirken«, bot sich mein Lehrherr an, bei den Behörden vorstellig zu werden. Vielleicht war es doch möglich, den Betrieb zu erhalten?

»Ich bin überzeugt, dass er den Betrieb leiten kann. Ihr könnt mir vertrauen. Ich kenne den Puch gut genug, um ihn einschätzen zu können«, versuchte bereits einige Tage später Meister Habian die Entscheidungsträger zu überzeugen. »Gebt ihm zumindest Gelegenheit, bei der Meisterprüfung anzutreten. Wir werden dann ja sehen, ob er die Prüfung schafft.« Und diesem Vorschlag stimmten sie zu, denn Habians Wort hatte Gewicht ob seines guten Rufes im ganzen Land. Und auch der Zufall half. Denn die Meisterprüfung fand nur dann einmal jährlich statt, wenn sich zumindest fünf Gesellen fanden, die sich der schwierigen Prüfung stellen wollten. In diesem Jahr jedoch hatten nur vier den Mut dazu aufbringen können, sodass ich mit meinem Wunsch sehr gelegen kam.

Bereits in drei Monaten sollte ich antreten dürfen. Doch konnte das gut gehen? Die anderen hatten immerhin zwei Jahre Zeit gehabt, sich in unzähligen Kursen das nötige Wissen zu verschaffen. Mir sollte dasselbe in drei Monaten gelingen? Nun lag es an mir, das mir Mögliche zu tun.

13

Zweifel

»Das wirst du nie schaffen!« »Wie soll das denn funktionieren?« »Das geht sich in der kurzen Zeit doch nie und nimmer aus!« An Zweifel und Skepsis in meiner Umgebung schien es nicht zu mangeln. Doch ich war mir sicher, dass ich die Meisterprüfung schaffen konnte. Kein Zweifler vermochte mir meinen Glauben streitig zu machen. Kein Skeptiker mich zu verunsichern.

So ging ich wie gewohnt meinem Tagewerk nach. In meiner freien Zeit jedoch vertiefte ich mich stundenlang in meine Lernunterlagen, die zu papierenen Türmen gestapelt inzwischen sogar meinen Schlafraum in Besitz genommen hatten. Die Wochenenden verbrachte ich im fernen Graz, wo mir ein erfahrener Lehrer zur Seite stand, den ich engagiert hatte. Glücklicherweise fiel mir nach wie vor das Lernen äußerst leicht. Denn mehr denn je interessierte mich alles Neue. Egal, mit welchen Gegenständen ich mich auseinandersetzen musste, ob Bauordnung, Buchhaltung, Lohnverrechnung, ich erlernte es mühelos. Meine Neugier und die Freude über die Chance, die mir gegeben worden war, trieben mich unaufhaltsam voran.

Drei Monate später trat ich dann – allen Zweiflern zum Trotz – gut vorbereitet zur wohl wichtigsten Prüfung meines Lebens an. Fast eine ganze Woche sollte sie dauern. Und ich wollte endlich beweisen, dass ich des entgegengebrachten Vertrauens tatsächlich würdig war. Zügig beantwortete ich Tag für Tag die schwierigsten Fragen, meisterte passabel die mir gestellten Aufgaben und war mir sicher, mein Möglichstes getan zu haben.

Dann endlich. Freitag. Festsaal der Handelskammer. Blumenschmuck und festliche Gewänder sind die Vorboten des feierlichen Aktes. Sechsunddreißig Prüflinge verschiedener Branchen warten auf das Ergebnis. Wollen endlich ihren Namen hören. Doch die Festreden auf der Bühne verzögern das Geschehen. Schließlich ergreift der Vorsitzende der Prüfungskommission das Wort.

»Es ist keine Schande, die Meisterprüfung beim ersten Mal nicht zu schaffen. Lassen Sie mich deshalb bereits jetzt Ihnen allen gratulieren, dass Sie überhaupt angetreten sind und sich dieser Herausforderung gestellt haben. Ich weiß, dass …« Diese Sätze verunsichern mich. Zweifel kommen hoch. War die Vorbereitungszeit vielleicht doch zu kurz? Unruhig rutsche ich auf meinem Sitz hin und her. Das Zuhören fällt mir schwer. Das Einzige, was mich jetzt noch interessiert, sind die Prüfungsergebnisse.

Plötzlich wendet sich der seriöse Redner unvermittelt an mich.

»Lassen Sie uns mit dem Kleinsten und Jüngsten unter den Kandidaten beginnen.« Eine einladende Handbewegung deutet mir, auf die Bühne zu kommen. Mit zittrigen Knien stehe ich auf – lasse blitzschnell die letzten drei Monate Revue passieren – begebe mich auf Fehlersuche. Was habe ich falsch gemacht? Meine Zuversicht bricht. Mein Selbstvertrauen lässt mich schmählich im Stich. Es ist der schlimmste Moment meines Lebens, ein unerträgliches Gefühl, das mich da auf die Bühne begleitet. Ich fühle mich schwach. Stehe nun für alle gut sichtbar da. Der Vorsitzende kommt mir rasch entgegen, den ausgestreckten Arm unerbittlich auf mich gerichtet. Wie durch Watte dringt sein Ausruf an mein Ohr.

»An ihm könnt ihr euch alle ein Beispiel nehmen!« Schon schüttelt er meine kraftlose Hand, ehe ich verstehe, was da eben geschieht. Ich habe mit Auszeichnung bestanden! Ich – achtundvierzig Kilogramm schwer und stattliche 161 Zentimeter groß – bin nun der jüngste Rauchfangkehrermeister, den Österreich je gesehen hat.

14

Pflichterfüllung

Noch Monate nach der Meisterprüfung brauchte es frühmorgens eine ganze Weile, bis mir bewusst wurde, dass ich nun tatsächlich Meister war. Natürlich hatte ich meinen Erfolg ausgiebig gefeiert. Auch konnte ich sehen, wie stolz Meister Habian auf mich war, für dessen Unterstützung ich wohl ewig dankbar sein würde. Doch wirklich bewusst wurde mir alles erst, als mir einige Zeit später auch die Genehmigung erteilt wurde, den Betrieb mit Vaters Konzession weiterzuführen. Judenburg sollte ab jetzt mein Kehrbezirk sein.

Endlich war der Erhalt der Firma gesichert, ich im Alltag angekommen und auch mein Privatleben wieder vorhanden. Viel zu lange hatte ich meine Freundin – ein ausgesprochen liebes Mädchen aus dem Ort – während der letzten Monate vernachlässigen müssen. Das geregelte Leben konnte beginnen. Dachte ich. Doch auch diesmal sollte es anders kommen als geplant.

Ein einzelnes, dünnes Blatt Papier, groß mit meinem Namen versehen, kündigte es unvermittelt an. Meine Pflicht sollte ich erfüllen. Das Schwarz meines Rußgewandes gegen das Oliv einer Uniform tauschen, und das gleich für Monate.

»Das wird eine harte Zeit für dich beim Militär.« »Da kannst du dich ja auf was gefasst machen.« Unter großer Anteilnahme der ortsansässigen Schwarzmaler trat ich bereits kurze Zeit später meine Reise in die Kaserne an. Zwei gut eingearbeitete Gesellen würden den Betrieb am Laufen halten, solange ich, zwei Stunden entfernt, die Gastfreundschaft der Feldjäger zu genießen hatte.

Herbstlich bunt war die Landschaft, als mein Motorrad, meine Zahnbürste und ich der kärntnerischen Hauptstadt Klagenfurt, dem Ort meiner Stationierung, entgegenstrebten. Kein Gepäck war nötig. Würde doch die Republik die nächsten Monate für Speis, Trank und passende Kleidung sorgen. Dort angekommen, stellte ich mein Gefährt unauffällig in einer Seitengasse ab. Denn unmissverständlich war der Einberufungsbefehl: »Für die Anreise ist die Bahn zu benutzen. Das Anreisen mit eigenen Fahrzeugen ist untersagt!« Bevor ich mich jedoch in die Obhut des Staates begab, erkundete ich noch zu Fuß die Umgebung. Glücklicherweise wurde das wenige Geld, das der noch jungen Republik[11] für ihre Trup-

11 1955 erlangte die Republik Österreich mit Abzug der Besatzungsmächte und Unterzeichnung des Staatsvertrages volle Souveränität. Ab diesem Zeitpunkt begann der Aufbau des neuen Bundesheeres.

pen zur Verfügung stand, nicht in Maschendraht investiert. Zufrieden musterte ich die vielen Löcher im Zaun rund um die alte Kaserne, die mir vielleicht noch dienlich sein würden.

Sechs Wochen lang war es nun nicht gestattet, die Kaserne zu verlassen. Selbst die Sonntage, die dienstfrei waren, sollten davon betroffen sein. Keine Ausnahme wurde verliebten Rekruten gewährt. So gingen die ersten Wochen voller Sehnsucht ins Land. Wie gerne hätte ich mein Mädchen gesehen.

Dann in der vierten Woche – endlich Sonntag! Geschwind schlüpfe ich am frühen Morgen durch eines der Löcher im Zaun. Sofort springt das Motorrad an. Bringt mich dorthin, wo ich die letzten Wochen in Gedanken so oft war.

Viele glückliche Stunden später. Der Scheinwerfer meines Motorrads bahnt sich seinen Weg durch das dunkle, herbstliche Land. Ich bin viel zu spät dran. Zu schön war die Zeit zu Hause. Nun muss ich mich so schnell wie nur möglich wieder selbst »inhaftieren«, und das unbemerkt. Ich gebe Gas. Zügig komme ich voran. Doch kurz vor dem Ziel ein Leuchten am Straßenrand. Polizei. Ich bin viel zu schnell unterwegs. Gestikulierend will mich der Uniformierte zum Anhalten bewegen. Ich werde langsamer. Doch kaum bin ich neben dem grünen Mann, gebe ich Gas. So schnell es geht, brause ich an ihm vorbei. Unmöglich für ihn, im Dunkeln meine Nummerntafel zu entziffern. Ich weiß, dass ich mich keinesfalls erwischen lassen darf. Rhythmisch begleitet blaues Licht die Sirene hinter mir. Ich jage durch die fast leeren Straßen der Stadt. Schlage Haken, mal in die eine, dann in die andere Richtung. Das blaue Licht ist verschwunden. Ich muss mich orientieren. Da, die unauffällige Seitengasse. Die Kaserne ist ganz nah. Schnell den Motor aus. Unbeobachtet schlüpfe ich durch den Zaun.

Vier Tage später. Ich wurde zum Rapport gerufen. »Wissen Sie, warum ich Sie habe rufen lassen?« Der Kompaniekommandant machte ein finsteres Gesicht, während ich schuldbewusst nickte. »Erzählen Sie mir genau, was vorgefallen ist. Und bedenken Sie, Ehrlichkeit wirkt sich mildernd auf die Strafe aus.« Leugnen hatte keinen Sinn. Hatte doch die Polizei inzwischen mein Motorrad entdeckt und bereits mit dem Kommandanten gesprochen. So begann ich zu beichten. Erzählte alles. Von meiner Sehnsucht, dem Aufbruch im Morgengrauen und meiner hektischen Flucht, die nun in seinem Büro ihr Ende genommen hatte.

Je länger ich erzählte, umso mehr schien sich der Offizier zu amüsieren. Ja, fast ein wenig stolz schien er zu sein auf den kleinen, schneidigen Kerl da in seiner Kompanie. Doch um die Form zu wahren, wies er mich schließlich laut schreiend zurecht. Reumütig ließ ich die Standpauke über mich ergehen. Ich war bereit, die gerechte Strafe zu empfangen. Doch die Armee war zu jung. Für solch ein Delikt gar keine Strafe vorgesehen – zu wenig vorstellbar für das Gesetzespapier, dass so etwas einmal passieren könnte.[12]

»Da sind Sie ja nochmals glimpflich davongekommen. Aber seien Sie sich bewusst, dass Sie ab jetzt unter scharfer Beobachtung stehen.«

Von nun an wurde ich auf Schritt und Tritt überwacht, zu ungeliebten Putzdiensten eingeteilt und mit weit strengerem Maßstab gemessen als alle anderen. Ohne Murren akzeptierte ich die Folgen meiner Tat. Beglich ohne Groll die Geldbuße der Polizei, die ich inzwischen erhalten hatte. Nahm all das hin, was jetzt kommen sollte, selbst wenn es ungerecht erschien. Ich konnte mein Bett noch so ordentlich machen. Es wurde kritisiert. Ich konnte meinen Spind noch so sehr in Ordnung halten. Es wurde kritisiert. Meine Uniform mochte noch so gut sitzen. Es wurde kritisiert. Ich konnte meine Waffe noch so sauber putzen. Natürlich wurde kriti-

---

12 Ob das den Tatsachen entsprach oder der Vorgesetzte den ihm sympathischen Burschen mit der Begründung fehlender gesetzlicher Handhabe nur vor allzu grober Strafe schützen wollte, ist nicht bekannt.

siert. Zielsicher findet des Ausbilders gestrenges Auge nicht vorhandenen Schmutz an dem Gewehr. »Putzen! In einer Stunde komme ich wieder«, so der Befehl. Doch ich lasse die Waffe, wie sie ist. Warte geduldig, bis der Gestrenge wiederkommt und mir mit lautem »Geht ja!« signalisiert, dass die Schikane nun beendet ist.

Doch trotz all der erzieherischen Maßnahmen, die meine Tat zu sühnen suchten, war ich gerne beim Militär. Ging es mir hier doch so gut wie nie zuvor in meinem jungen Leben. Daheim musste ich bereits um vier Uhr früh mit der Arbeit beginnen. Hier war es erst um sechs Uhr so weit. Daheim musste ich mein ständig verschmutztes Gewand selbst waschen. Hier gab es dafür eine eigene Wäscherei. Daheim musste ich mich selbst mit Nahrung versorgen. Hier bekam ich dreimal täglich von anderen mein Essen – und das kostenlos. Und egal bei welchem Wetter wir nach draußen gingen, immer war für passende Kleidung gesorgt.

Vielleicht konnte ich bald auch noch die Berechtigung erwerben, vier statt zwei Räder auf der Straße zu bewegen. Wollte ich mich doch nach der Grundausbildung als Kraftfahrer versuchen.

Wie groß war dann die Enttäuschung, als ich beim Verlesen der Zuteilungen zu hören bekam: »Puch,

Sie werden ab jetzt Krad-Fahrer[13] sein.« Also nur zwei statt der erhofften vier Räder sollten es sein. Doch damit abfinden? Nein, ich wollte um Änderung bitten. Doch das kam beim Oberleutnant gar nicht gut an.

»Da sind Sie beim letzten Mal so glimpflich davongekommen. Und jetzt wollen Sie noch Ansprüche stellen!«, schrie er mich an. »Wenn Sie in der Lage sind, mit Ihrem Motorrad einer Polizeistreife zu entwischen, dann gehe ich davon aus, dass Sie der beste Krad-Fahrer sein werden, den wir je in der Kompanie gesehen haben.«

»Herr Oberleutnant, Motorradfahren kann ich ja schon. Viel lieber würde ich was Neues lernen«, antwortete ich leise und sah ihm dabei freundlich ins Gesicht. Er schien nachzudenken. Plötzlich lenkte er ein. »Ich gebe Ihnen eine Chance. Fragen Sie bei Ihren Kameraden nach. Und wenn sich unter denen einer findet, der mit Ihnen tauschen will, dann sollen Sie in Gottes Namen Kraftfahrer werden.« Schnell war ein Freiwilliger gefunden, die Welt wieder in Ordnung und die Tage beim Militär für mich bis zum Schluss eine äußerst glückliche Zeit.

---

13 Krad = militärische Kurzbezeichnung für Kraftrad/Motorrad.

15

Ausgewachsen

Die Zeit der Pflichterfüllung war nicht spurlos an mir vorübergezogen. Ich war noch weitere zwei Zentimeter gewachsen und hatte damit meine endgültige Körpergröße erreicht. 163 Zentimeter sollten es sein, die mich ab jetzt begleiten würden. So verließ ich nach neun Monaten um zwei Zentimeter größer das Militär. Doch ich war auch um mehr als zwanzig Kilogramm schwerer. Pro neuen Zentimeter hatte ich über zehn Kilogramm zugelegt.

Frühstück um sieben. Mittagessen um zwölf. Abendessen um achtzehn Uhr. Es gab Essen, ob ich Hunger hatte oder nicht. Und ich genoss den Überfluss der Nachkriegszeit. So viel hatte ich bis jetzt noch nie gegessen. Ich lernte hautnah die Folgen des zivilisierten Lebens kennen. Denn dreimal täglich essen, genau dann, wenn es die Uhr verlangte, das hatte seinen Preis.

Als Kleinkind hatte ich gelernt, auf meinen Körper zu hören. Nur zu essen, wenn ich Hunger hatte. Doch dieses für mich so gesunde Verhalten war jetzt gebrochen worden. Die gute Zeit hatte mir nicht gutgetan. Mein Erscheinungsbild spiegelte dies nur allzu deutlich wider. Mein Gesicht war aufgedunsen, meine Bewegungen waren träge, die Kleidung spannte und zwickte überall – ich fühlte mich scheußlich.

Doch selbst das hatte sein Gutes. Denn ich war – nun wieder in Freiheit – zum Handeln motiviert. Stärker als je zuvor begann ich darauf zu achten, was mir mein Körper nach dem Essen zu sagen hatte. »Das war zu viel des Guten«, schrie er mir mit lähmendem Völlegefühl entgegen, wenn es wieder einmal zu viel gewesen war. »Das war genau richtig«, ließ er mich wissen, wenn ich voller Energie den Tisch verließ. »Das war jetzt aber nichts für dich«, schlug er mit Sodbrennen Alarm, wenn die Wahl meiner Nahrung nicht die beste war. Und ich hörte auf ihn. Nahm zu mir, was mich mit Wohlgefühl und Energie belohnte. Ließ bleiben, was mir nicht dienlich schien. Bemerkte immer schneller, was mir nicht guttat, um es kein zweites Mal zu wiederholen.

Immer besser verstand ich mich mit meinem Körper. Und je mehr ich auf mich selbst hörte, umso mehr von meinem schlanken Ich kehrte zurück zu mir. So fand ich mit der Zeit mein »kindliches« Essverhalten wieder. Auch mein körperliches Wohlgefühl kam in mein schlankes Leben zurück, um über viele Jahrzehnte bis heute zu bleiben.

16

Geschenke

Nun begann eine wunderbare Zeit. Bald würde ich Mitte zwanzig sein. Und während John F. Kennedy den Deutschen erklärte, dass er ein Berliner sei,[14] begann sich hier in der Obersteiermark mein Betrieb trotz der immensen Schulden äußerst schnell zu erholen. Ich hatte bereits mehrere Gesellen beschäftigt, bildete Lehrlinge aus und konnte sogar mein hellblaues Motorrad gegen das erste eigene Auto tauschen. Aus dem kleinen Seppl, der sich mit vierzehn so vieles vorgenommen hatte, war ein erwachsener Josef geworden. Ein Erwachsener, der große Erfüllung in seinem täglichen Schaffen fand. Der sich des bescheidenen Überflusses erfreute, der nun allmählich in sein Leben trat. Der jedoch auch die Erkenntnis gewann, dass die erste große Liebe nicht unbedingt die letzte sein musste.

Doch auch mein Liebesleben sollte bald in gere-

14 Juni 1963. US-Präsident John F. Kennedy besucht West-Berlin. Unter großem Jubel der Bevölkerung spricht er vor dem Rathaus Schöneberg den legendären Satz »Ich bin ein Berliner«, um so seiner Verbundenheit zu Deutschland Ausdruck zu verleihen. 1,5 Millionen Menschen jubeln ihm vor Ort begeistert zu.

gelten Bahnen verlaufen. Denn unvermittelt trat sie – attraktiv, stolz und mit schwarzem Haar – in mein Leben, machte mich drei Monate später zum Ehemann und bald zum Vater einer wunderbaren Tochter und eines außergewöhnlichen Sohnes. Weit mehr als meine lang gehegten Wünsche waren in Erfüllung gegangen. Und weitere Geschenke sollten folgen.

Schon seit geraumer Zeit hatte ich über die Erweiterung meines Betriebes nachgedacht. Doch die Möglichkeiten waren beschränkt, mehr Kunden zu haben unmöglich, da das Land ja streng in Kehrbezirke aufgeteilt war. Da kam mir eines Tages etwas zu Ohren, das mir gar seltsam erschien. Meister Kump aus dem rund zwanzig Kilometer entfernten Oberzeiring, einer kleinen idyllischen Marktgemeinde am Fuße der Niederen Tauern, wolle nicht mehr Rauchfangkehrer sein, so das Gerücht. Ernst nehmen konnte ich es freilich nicht. Viel zu unvorstellbar war es für mich, dass jemand diesen wunderbaren Beruf nicht mehr ausüben wollte. Trotzdem nahm ich Kontakt mit dem Meister auf. Bald darauf saßen wir uns in der gemütlichen Stube eines mittelalterlichen Gasthofs, direkt am Marktplatz des Ortes, persönlich gegenüber.

»Bereits mein Urgroßvater ist ein Rauchfangkehrer gewesen«, bekam ich vom Meister zu hören,

»und auch mein Großvater und mein Vater traten in seine Fußstapfen. Und von mir als jüngstem Spross der Familie wurde natürlich dasselbe erwartet.« Er war ein attraktiver Mann, ein wenig größer als ich, markantes Gesicht, braunes Haar und etwa in meinem Alter. Doch der traurige Tonfall seiner Stimme ließ ihn wesentlich älter erscheinen. »Ich erfüllte alle Erwartungen meiner Familie und musste deshalb schon vor Jahren meine eigenen Träume aufgeben. Doch jetzt, jetzt kann ich nicht mehr.«

Nur zu gut konnte ich den Unglücklichen verstehen. Wäre es für mich doch genauso schwer, ohne Leidenschaft tagtäglich das zu tun, was meine Arbeit war. Nun begann auch ich zu erzählen. Und wie anders das doch klang! Ich erzählte, wie ich bereits als Achtjähriger meinen ersten Schliefer bezwungen hatte und danach den Entschluss fasste, eines Tages das Rußgewand zu tragen, und wie sehr ich heute diese wunderbare Arbeit genoss.

Uns beiden entkam ein Schmunzeln. Nicht nur, dass wir uns gut verstanden, wir schienen uns auch perfekt zu ergänzen. Bald war alles klar. Ich sollte sein Nachfolger werden, ja sein gesamtes Unternehmen, mit einem Kehrbezirk fast dreimal größer als der meine, übernehmen.

Doch würden auch die Behörden ihre Zustimmung zum Kauf erteilen? Würden sie damit einverstanden sein, einem so jungen Meister wie mir einen weiteren Kehrbezirk zu überlassen? Noch dazu einen, der so groß war?

»Das wird sicherlich nicht funktionieren.« »Soweit ich weiß, wurde so was noch nie probiert.« »Ich habe noch nie gehört, dass sich zwei Kehrbezirke in den Händen eines Meisters befinden können.«

Doch anstatt auf all die zweifelnden Stimmen zu hören, erinnerte ich mich vielmehr daran, wie ich den Zirbitzkogel und die Stahlplatten der Tischherde bezwungen hatte. Wie ich mein steifes Bein wieder in Bewegung gebracht und die Meisterprüfung trotz kurzer Vorbereitung mit Auszeichnung bestanden hatte. Ich erinnerte mich, dass ich mein Körpergewicht in den Griff bekommen hatte, und machte mir bewusst, dass ich erst dann wissen konnte, was möglich war, wenn ich es erst einmal ausprobiert hatte. Die neue Herausforderung zog mich magisch an – und ich in Betracht, dass es möglich war.

Und es sollte tatsächlich einfacher werden als gedacht. Denn ein dünnes Blatt Papier, diesmal groß mit Meister Kumps Namen versehen, kündigte an, dass auch er seine Pflicht beim Militär zu erfüllen hätte. Doch diesmal kam der Einberufungsbefehl gerade recht. War es schon für meinen kleinen Betrieb äußerst schwer gewesen, neun Monate ohne Meister zu überstehen, so sollte dies für einen Betrieb von dieser Größe gar unmöglich sein. Eine Vertretung musste dringend her. Und die Behörde stimmte zu, dass ich das war. Unerwartet hatte ich Gelegenheit bekommen, der Behörde den praktischen Beweis zu liefern, dass ich fähig sei, auch zwei Kehrbezirke zu meistern. Ein Jahr, diverse Amtsgespräche und zahllose Formulare später erhielt ich die offizielle Genehmigung zur dauerhaften Übernahme des zweiten Betriebes. So geschah es, dass ich nicht nur der jüngste Rauchfangkehrermeister Österreichs war, sondern plötzlich auch noch einer mit einem der größten Kehrbezirke des Landes wurde.

Dankbar nahm ich auch dieses Geschenk an und begann mit Freude, meinen neu hinzugekommenen Kehrbezirk zu erkunden – all den Häusern, Betrieben und Höfen die Aufwartung zu machen, die ab jetzt meine Kunden waren.

So sollte mich eines Tages mein Weg auch in ein kleines Nebental führen. Ein munterer Gebirgsbach begleitet mich die gewundene Straße entlang. Schroffe, grüne Hänge umgeben mich. Pusterwald, ein winziges Bergdorf, liegt fast zum Greifen nahe. Hinein ins Dorf. Bereits nach wenigen Metern geht es nach links. Eine kleine, steinerne Brücke bringt mich über den Bach. Ein riesiges Gehöft wird sichtbar.

Auf diesen Moment habe ich mich schon lange gefreut. Ich stelle gut gelaunt den Motor ab. Eine alte Frau lugt neugierig aus dem Fenster, während sich die Tür des Hauptgebäudes mit einem vertrauten Knarren öffnet. Ein stattlicher Mann wird sichtbar. Es ist der Altbauer, der mich von Weitem mustert. Er scheint mich zu erkennen. Mit einem breiten Lächeln im Gesicht kommt er auf mich zu, die Arme weit von sich gestreckt, für eine Umarmung bereit. Freudestrahlend ruft er mir entgegen: »Der Ochsenseppl ist wieder da!«

17

Der Ochsenseppl

Ochsenseppl – diesen Namen hatte ich schon lange nicht mehr gehört. Es war Jahre her, dass ich das letzte Mal so genannt wurde. Damals, als kleiner Bub in Thalheim, im Gasthof meiner Großeltern, hatte alles begonnen.

Regelmäßig vollzog sich dort immer wieder dasselbe Ritual. Zuerst wurde im gegenüberliegenden Bahnhof massenweise Zuchtvieh verladen, das die Viehhändler von verschiedensten Bauern gekauft hatten. Danach stürmten die Händler gut gelaunt die Gaststube, um ausgiebig zu trinken, zu scherzen und lautstark Erfahrungen auszutauschen. Ich, mittendrin, hörte immer aufmerksam zu. Alles Neue war interessant für mich. So wurde ich eines Tages Zeuge des folgenden Gesprächs: »Ein Ochsenpaar zieht einen Pflug viel gleichmäßiger, als es zwei Pferde tun.« »Ja, aber nur, wenn beide Ochsen die gleiche Statur haben.« »Stimmt. Leider gibt's nur wenige Bauern, die gleich große Ochsen züchten können.« »Da lob ich mir den Hirtleb-Bauern in Pusterwald«, mischte sich ein Dritter ein. »Das ist der beste Ochsenbauer, den ich kenne. Wennst zwei gleiche Viecher brauchst, dann kriegst die von ihm.« Die anderen nickten ihm – einem kleinen, stämmigen Mann Mitte fünfzig – zustimmend zu.

»Wo ist denn Pusterwald?«, fragte ich neugierig, während ich mehrmals am Hosenbein des Stämmigen zog. Erstaunt blickte er nach unten, hatte er doch den Fünfjährigen bis jetzt gar nicht bemerkt. »Da oben!«, deutete er mit einem seiner dicken, kurzen Arme Richtung Norden. »Und wie weit ist es bis dorthin?« »Die Ross' gehen sechs Stunden.« »Darf ich einmal mitfahren zum Hirtleb-Bauern?«, fragte ich ungeniert den Händler. »Aber da wird es dir sicher kalt auf der Kutsch'n. Und wenn's zu regnen beginnt, wirst waschelnass.« Das Wetter war mir doch egal. Ich wollte genau wissen, woher die besten Ochsen kamen.

Bereits wenige Tage später fand ich mich zufrieden und gut in eine alte Decke verpackt neben dem kleinen Mann auf dem Kutschbock wieder. Zielstrebig steuerte er seine verdecklose Kutsche durchs Pölstal nach Norden. Der wolkenverhangene Himmel tauchte die herbstliche Landschaft in ein gespenstisches Licht, während uns die beiden Braunen unter rhythmischem Hufgeklapper unserem Ziel immer näher brachten. Die letzten Kilometer ging es bei klirrender Kälte einem aufgewühlten Bach entlang. Dann war in der Ferne schemenhaft ein Kirchturm zu sehen. »Da, Pusterwald!« Der Viehhändler, kein Mann großer Worte, lenkte, kaum im Dorf angekommen, die Rösser gekonnt nach links. Über eine alte Steinbrücke hinweg hatten wir bald den rauschenden Bach hinter uns gelassen. Endlich war der Hof zu sehen, wo wir bereits vom Hirtleb-Bauern, einem freundlichen Mann mit leicht angegrautem Haar und in prächtiger Tracht, erwartet wurden.

»Schaust dich halt ein bisserl um«, rief er mir zu, nachdem er von meinem Begleiter erfahren hatte, wie sehr mich seine Ochsen interessierten.

Der Hof bestand aus vielen, unterschiedlich großen Gebäuden. Weitläufige Wiesen und Felder, begrenzt von einem steil ansteigenden Berg, umgaben das riesige Anwesen. Nur vereinzelt waren Viecher im Freien zu sehen. Während sich die Erwachsenen unterhielten, begab ich mich auf Erkundungstour. Überall steckte ich meine Nase rein, entdeckte allerlei interessantes Gerät, erspähte Katzen, Hühner und anderes Getier – und schließlich auch die prächtigen Ochsen, die mich hierhergelockt hatten. Lange beobachtete ich die Knechte bei ihrem Tun, vergaß dabei völlig die Zeit. Erst das Rufen des Händlers holte mich wieder zurück zur Kutsche. Mit Handschlag verabschiedete sich der kleine Mann beim Bauern. Auch ich streckte dem Angegrauten meine Hand entgegen. »Darf ich wiederkommen?« Er nickte und lächelte mir freundlich zu. »Wennst willst, kannst auch mal ein paar Tage bleiben. Bei uns gibt's immer was zu tun.« Flink schwang ich mich auf den Kutschbock, um fröhlich die Reise zurück nach Thalheim anzutreten.

Monate später war es dann endlich wieder so weit. Mutter brachte mich, mit einem Rucksack versehen, zu einer handgeschriebenen Tafel an der Straße. Diese sollte eine Haltestelle markieren. Denn mittlerweile gab es einen »Bus«, der in diesen ersten Nachkriegsmonaten die Strecke nach Pusterwald befuhr. Bald tauchte er auf – ein klappriger Lkw mit Plane, auf dessen Ladefläche behelfsmäßig einige Bänke montiert waren. Zum Ein- und Aussteigen lehnte der Fahrer eine Holzleiter an die hintere Bordwand. Ich jedoch durfte vorne, direkt neben dem Fahrer sitzen. »Bitte liefern Sie mir den Buben beim Hirtleb in Pusterwald gut ab«, hörte ich meine Mutter noch rufen, bevor der dröhnende Motor des betagten Gefährts alle anderen Geräusche zu verschlucken begann.

Bereits nach nur drei Stunden war ich diesmal beim Hirtleb-Bauern angelangt. Eine abwechslungsreiche, schöne Zeit begann. Untertags half ich mit, wo ich konnte – des Nachts legte ich mich in der Knechtekammer schlafen, in der für mich ein eigenes Bett aufgestellt war. Manchmal wurde ich sogar mit einem echten Leckerbissen – Butterbrot mit viel Zucker[15] bestreut – überrascht.

Am meisten jedoch genoss ich die Zeit mit den Ochsen auf den saftigen Weiden und Feldern, die den Hof umgaben. Anfangs durfte ich nur, mit einem Blätterzweig bewaffnet, die vielen, lästigen Fliegen vertreiben, die es sich auf den riesigen Tieren ständig gemütlich machten. Doch im Sommer darauf war ich schon beim Pflügen dabei. Kurz wies mich der Bauer ein. »Pflügen kann man nur zu zweit. Einer, der die beiden Tiere lenkt. Ein anderer, der den Pflug zu führen weiß. Du darfst die Tiere lenken.« Gesagt, getan. Gemütlich dirigierte ich die riesigen Ochsen neben mir her übers Feld, während der Pflug von einem erfahrenen Knecht geführt wurde. Wie gleichmäßig diese Hirtleb-Ochsen doch tatsächlich gingen! Wie eine einzige, gleichförmige Bewegung sah es aus. Gerade so wie es der Händler geschildert hatte, zogen die Hirtleb-Viecher, die sich in ihrer Statur wie ein Ei dem anderen glichen, schnurgerade den schweren Pflug hinter sich her. Bahn um Bahn bereiteten wir so den fruchtbaren Boden für die Aussaat vor. Und der Bauer war ganz erstaunt, wie brav sich die Ochsen von mir leiten

---

15 Eine Scheibe Bauernbrot mit Butter, darauf viel Zucker gestreut, war in der Nachkriegszeit heiß begehrt und ersetzte Schokolade und andere Schleckereien.

ließen. Denn das schien nicht immer so zu sein.

Zuvor schon hatte ich bemerkt, dass manche Knechte die sensiblen Tiere recht unsanft, mit lautem Geschrei oder gar leichten Peitschenschlägen zum Gehen zwingen wollten.

Doch so etwas lassen sich Tiere wie die Hirtleb-Ochsen ganz und gar nicht bieten. Stur bleiben sie am Fleck und schauen den Wüstling frech an, ganz so, als wollten sie sagen: »Jetzt erst recht nicht. Wir sind viel stärker, als du kleiner Mensch es bist.«

Nähere ich mich jedoch den Tieren in aller Ruhe und völlig entspannt, frei von Aggression und Zwang, folgen sie mir ohne viel Tamtam. Wenn wieder einmal eines der eigensinnigen Tiere nicht so tut, wie ein Knecht es will, ruft der Bauer nur: »Lasst den Seppl ran!« – und ich tue, was der ausgewachsene Mann nicht zuwege bringt.

Zur Heuernte darf ich dann die Heuwagen, die auch von Ochsen gezogen werden, ganz allein hinaus zu den Wiesen bringen. Ruhig und gemächlich trotten die Tiere neben mir her. Es scheint fast so, als würden sie den schweren Heuwagen hinter sich gar nicht bemerken. »Gut macht ihr das!«, rufe ich ihnen leise zu. Nun ein wenig nach rechts, schön den Feldweg entlang. Brav nehmen die gutmütigen Tiere dieselbe Richtung wie ich. Draußen auf der Wiese angekommen bleibe ich stehen, murmle ein zufriedenes »Gut gemacht!« und streichle den Zugtieren über den mächtigen Kopf, während die Mägde und Knechte beginnen, das Heu mit ihren Gabeln hurtig auf den Wagen zu laden.

So war ich bald im ganzen Tal als Ochsenseppl bekannt und um die Erkenntnis reicher, dass ohne Druck, mit innerer Ruhe und Gelassenheit gar vieles leichter war.

18

Goldene Zeiten

Viele Sommer hatte ich damals in Pusterwald verbracht. Noch oft konnte ich es erleben, wie folgsam die Ochsen des Hirtleb-Bauern waren. Und jetzt, Jahre später, stand ich, erwachsen geworden, dem Bauern wieder gegenüber. Der Ochsenseppl war zurückgekehrt – als Rauchfangkehrermeister Josef Puch.

Auch Pusterwald gehörte nun zu meinem Kehrbezirk, der sich jetzt weit über Judenburg hinaus erstreckte. Das gesamte Pölstal, das ich als Fünfjähriger gemeinsam mit dem Viehhändler auf dem Kutschbock in sechs Stunden durchfahren hatte, all dessen Gemeinden, Betriebe und Gehöfte waren nun Teil meines Rayons. Umgeben von frischer Bergluft, Gebirgsbächen, sonnigen Almen und freundlichen Menschen tat ich dort, wo andere Erholung suchten, nun mit noch mehr Freude das, was mich so erfüllte.

Bereits nach wenigen Wochen übersiedelte ich mit meiner Familie in diese schöne Region. Im malerischen Oberzeiring mit seinen zahlreichen historischen Gebäuden, fast tausend Meter über dem

Meer und umgeben von einer prachtvollen Bergwelt, wollten wir von nun an unser Leben verbringen. Vorerst hatten wir es uns im Obergeschoß des gerade erworbenen Betriebes gemütlich gemacht. Im Untergeschoß machte ich mich daran, den Betrieb neu zu organisieren, Arbeitsabläufe zu verbessern und neue Serviceleistungen anzubieten, die von den Gewerbetreibenden der Region auch gerne angenommen wurden. Obwohl ich mit diesem Betrieb auch Schulden in stattlicher Höhe übernommen hatte, gelang es innerhalb eines Jahres, ein großes, sanierungsbedürftiges Haus mitten im Ort zu kaufen, das Betrieb und Familie großzügig Unterkunft gewähren sollte.

Bald erstrahlte das alte Haus in neuem Glanz. Mit seiner eleganten hellgrauen Fassade, den leuchtend weiß umrandeten Fenstern und wenigen dezenten Verzierungen fügte es sich perfekt in das Ensemble des Ortes ein. Bereits von Weitem war unter dem Dachfirst das gemalte Zeichen meiner Zunft zu sehen. Ein schwarzer Mann mit Zylinder, geschulterter Leiter und Bürste, umrahmt von einer weißen Stuckrosette, ließ alle wissen, wer in diesem Hause seine Bleibe hatte. Lange Zeit sollte dieses schmucke Juwel unsere Heimat sein.

Die Jahre gingen dahin. Bald waren sämtliche Schulden beglichen. Unaufhaltsam vermehrte sich mein materieller Besitz. Ich nannte inzwischen eine Jagdhütte, ein Haus am See, einige Grundstücke, etliche andere Liegenschaften und eine stattliche Barschaft mein Eigen. Feinste Möbel und Accessoires umgaben mich. Ich trug beste Kleidung und hatte mehr Geld in der Tasche, als ich auszugeben in der Lage war. Und doch. Das, was ich am liebsten tat, kostete fast nichts. Neues zu entdecken, mich meinem geliebten Beruf zu widmen, Sport zu treiben und Familie und Freunden Zeit zu schenken, für all das hätte auch der eine Betrieb in Judenburg gereicht.

Wie groß war die Freude, als unsere Tochter Ulli und unser Sohn Pepo bereits im Grundschulalter lauthals verkündeten: »Papa, auch wir wollen Rauchfangkehrer werden!« Tag für Tag erlebten sie den Spaß, den ich bei meiner Arbeit hatte. Und ihnen schien meine Art zu leben zu gefallen.

Zeit zu haben für das, was ich gerne tat, war für mich immer wichtiger als Geld, Freiheit wichtiger als Erfolg. Konnten mich doch schon in frühester Schulzeit meine Lehrer kaum dazu bewegen, meine geliebte FREIzeit für Hausaufgaben zu verschwenden. Natürlich war es anfangs nötig, hart zu arbeiten, mit wenig Schlaf auszukommen und sich nach der Decke zu strecken. Doch das fiel mir leicht, da mein Beruf auch gleichzeitig immer mein Hobby war. Trotzdem wollte ich nicht nur für den Beruf leben, nicht so leben wie all die »Erfolgreichen« in meiner Umgebung, die stetig verbissen am eigenen Herzinfarkt zu arbeiten schienen. Immer waren sie hektisch, hatten kaum Zeit für sich selbst, für ihre Familie und all die anderen Dinge, die uns Menschen erfüllen und glücklich machen. Nein! Ich wollte nie der Reichste auf dem Friedhof sein, sondern ein Glücklicher im Leben! Nicht Reichtümer bestimmten meinen Erfolg, sondern die Zahl der Stunden, die ich täglich glücklich war.

Und doch schien ich mir viel zu viel zugemutet zu haben.

19

Alternativen

Die ersten Menschen hatten inzwischen den Mond betreten, Farbfernsehen, Quarzuhren und Taschenrechner waren erfunden und aus mir war ein angesehener Bürger geworden. Fast vierzig Jahre war ich jetzt alt, hatte all meine materiellen Ziele längst erreicht und war doch nicht glücklicher als schon zuvor.

Nicht das Streben nach Geld war es, das mich trieb. Vielmehr waren die unbändige Freude am Tun und ein großes Interesse für all das Neue, das mir das Leben bot, meine treuen Begleiter. Und jetzt, mit fast vierzig, hatte ich es geschafft. Eigentlich hätte ich einen Mercedes fahren müssen. War dies doch damals das untrügliche Zeichen dafür, es wirklich geschafft zu haben. Doch kein Bedürfnis nach dem Statussymbol regte sich in mir. Viel lieber widmete ich mich meiner wunderbaren Arbeit, verbrachte Zeit mit meiner Familie, betrieb Sport und genoss es, oftmals Gast auf gesellschaftlichen Ereignissen zu sein. Ich übte begeistert verschiedene Ehrenämter aus und wurde sogar zum Fremdenverkehrsmanager der Region auserkoren.

Immer öfter hetzte ich von Termin zu Termin. Ich wusste, dass ich mir zu viel aufgeHALSt hatte. Doch nichts von all meinem Tun wollte ich missen. Mein Körper schien jedoch anderer Meinung zu sein. Allmählich begann er zu rebellieren, machte mit schleichenden, zuerst kaum merklichen Schmerzen im Nacken auf sich aufmerksam. Zunächst konnte ich das noch erfolgreich ignorieren, bis auch das eines Morgens nicht mehr möglich war.

Mit unbändigen Schmerzen im Nacken wache ich auf. Es fühlt sich an, als ob mich spitze Messer durchbohrten. Kaum auszuhalten. Ich will sofort ins Bad. Muss schnell ein Schmerzmittel schlucken. Der Schmerz muss weg! Mit den Ellbogen drücke ich meinen Oberkörper hoch, will raus aus dem Bett. Au! Die Schultern kann ich heben. Doch mein Kopf bleibt einfach liegen. Regungslos verharrt er, wo er ist. Ich habe ihn nicht mehr unter Kontrolle, bin so bewegungsunfähig, wie man es sich nur denken kann. Meine Frau, inzwischen von meinem Stöhnen erwacht, will mir helfen. Sie versucht mich an meinen Händen hochzuziehen. Au! Meine Schultern heben sich, doch der Kopf bleibt wieder liegen. Das Denken fällt schwer. Ja! So könnte es gehen. Sie schiebt ihre Hände unter meine Schultern. Hebt an. Ich halte dabei meinen Kopf. So gut es geht, fixiere ich ihn mit beiden Händen. Die Schmerzen rauben mir fast den Verstand. Ich finde mich im Auto wieder. Meine Frau sitzt am Steuer. So schnell wie möglich ins Krankenhaus.

Jede Bewegung des Fahrzeugs veranlasst meinen Kopf, in die Gegenrichtung zu pendeln. Es fällt mir schwer, klar zu denken. »Ein Körper verharrt im Zustand der Ruhe, sofern er nicht zur Änderung dieses Zustands gezwungen wird.« So oder ähnlich sagt es das erste Newton'sche Gesetz, erinnere ich mich plötzlich schemenhaft an die Schule. Seltsam, wie mein Gehirn funktioniert. Au! In jeder Kurve versucht das Gesetz, sich über mich lustig zu machen, bringt das runde Ding zwischen meinen Schultern ständig dazu, den Prinzipien der Fliehkraft zu folgen. Mir ist es unmöglich, den Kopf allein mit den Halsmuskeln zu halten. Ständig muss ich mit beiden Händen mithelfen, wenn ich nicht will, dass er sich wie ein unkontrollierter Ball verhält.

Fast zwei Wochen bin ich im Krankenhaus. Spritzen dämmen den Schmerz. Dann die Diagnose. »Ihre Bandscheiben im Bereich der Halswirbeln sind fast zur Gänze abgebaut.« Mit sorgenvollem Blick hält der Arzt das Röntgenbild gegen das Fenster. »Sie haben zwei Möglichkeiten. Entweder kommen Sie regelmäßig zu mir ins Spital, wo wir mit einer Spritzenkur den Schmerz zu mildern suchen. Oder Sie lassen sich von einem Spezialisten operieren.«

Nein! Beides war für mich keine Option. Ich hatte die letzten Tage genügend Zeit, mir über mein Leben Gedanken zu machen. Und überdies half mir ein glücklicher Zufall. Ich hatte eine Zeitschrift abonniert, die sich auch mit Gesundheitsfragen auseinandersetzte. Und erst vor wenigen Wochen war darin ein Artikel zu finden gewesen, der mir jetzt äußerst hilfreich erschien. Ein amerikanischer Facharzt beschrieb darin, wie eine Änderung des Lebensstils, die geistige Ausrichtung und eine gezielte Ernährung die Bandscheiben wieder regenerieren könnten. »Schon einmal habe ich mir selbst geholfen!« Brauchte ich zur Bestätigung doch nur auf mein wieder gesundes rechtes Bein zu blicken.

Gegen den Rat des Arztes verließ ich das Krankenhaus. So ganz gerade konnte ich meinen Kopf zwar noch immer nicht halten, doch die Spritzenkur hatte bewirkt, dass ich ihn einigermaßen unter Kontrolle hatte. Ab nun tat ich das, was der Arzt in der Zeitschrift geraten hatte. Versorgte meinen Körper mit basischer Nahrung, stellte mir zugleich vor, wie meine Wirbel sich regenerierten, was meine Zuversicht hob, und begann mein überfülltes Leben zu entrümpeln. Keine Ehrenämter sollten ab nun mir meine Zeit rauben. Nichts, was mehr Druck als Freude gab, sollte ab jetzt mein Leben bestimmen. Ich war bereit, alles mir Mögliche für meine Genesung zu tun.

Von Tag zu Tag fühlte ich mich besser. Immer mehr gewann ich die Kontrolle über meinen Körper zurück. Wie erstaunt war doch mein Arzt, als er drei Monate später das neue Röntgenbild zu sehen bekam. Wie durch ein Wunder hatten meine Bandscheiben begonnen, sich zu regenerieren. Weitere sechs Monate später. Die Röntgenbilder zeigten die Bandscheiben eines gesunden Mannes. Unmöglich aus medizinischer Sicht. Und doch war ich völlig gesund geworden.

20

Schlossherren

Ich war nun völlig gesund – und wollte es auch bleiben. Die schmerzhafte Erfahrung, die mir mein Körper so großzügig zugedacht hatte, veränderte meine Art zu leben. Ich ließ nicht nur alles, was des Guten zu viel war, schweren Herzens los und gönnte mir ausreichend Urlaub jedes Jahr, sondern verschlang auch immer mehr Bücher, besuchte Seminare und langsam begann der Wunsch in mir zu reifen, irgendwann einmal selbst ein Seminarzentrum, ja eine richtige Lebensschule zu betreiben. Meine Neugier auf all das, was einem Menschen möglich ist, war größer als je zuvor.

Das Leben in Oberzeiring ging davon unbeirrt weiter. Meine Kinder – inzwischen knapp über fünfzehn Jahre alt – waren bereits von zu Hause ausgezogen, was für mich ein Zeichen von Reife, für meine Frau jedoch eher eine Katastrophe war. Sie hatten sich in einem Haus ganz in der Nähe eingemietet und waren nun in dem Alter, wo sich Kinder üblicherweise von den Eltern das erste Moped wünschten.

Doch die beiden hatten einen anderen Wunsch:

Sie wollten lieber ein Pferd ihr Eigen nennen. Wie begeistert sie von den Tieren sprachen! Im Nu war auch ich vom Pferdevirus infiziert und flugs wurden drei Pferde in einem nahen Reitstall eingestellt. Während ich gerne vom Sattel aus die wunderschöne Landschaft erkundete, zogen es Tochter Ulli und Sohn Pepo[16] vor, sich dem Turnierreiten zu widmen. Auch wenn wir unserer Freude am Reiten auf unterschiedliche Weise Ausdruck verliehen, hatten wir doch alle denselben Traum: ein Gestüt, am besten mit dazugehörigem Schloss, wo wir gemeinsam mit unseren Pferden leben konnten.

Eines Abends trafen ich – der Pferdenarr, Ferdinand – der Bürgermeister unseres schönen Ortes, Alexander – ein siebzigjähriger Bildhauer, den ich besonders mochte – und einige andere am Stamm-

16 Pepo Puch wurde nicht nur ein ausgezeichneter Rauchfangkehrer, sondern auch Österreichs bester Vielseitigkeitsreiter. 2008 erleidet er bei einem Reitunfall einen Genickbruch. Er verliert die Kontrolle über seinen Körper, denn das Rückenmark ist durchtrennt. Trotzdem findet er sich mit der Lähmung nicht ab. Er arbeitet an sich und schafft das Unglaubliche. Bereits nach sechs Monaten kann er mit Stock aufrecht gehen und steigt wieder aufs Pferd – nun als Para-Dressurreiter. Er wird Staatsmeister, Europameister, Weltranglistenerster, bekommt 2011 den »Amadeus Award« für Verdienste um den Pferdesport verliehen und gewinnt 2012 bei den Paralympics in London die Goldmedaille. Heute lebt Pepo Puch in der Schweiz. Sein Leitspruch lautet: »Was denkbar ist, ist machbar.«

tisch zusammen. Niki Lauda war gerade zum dritten Mal Formel-1-Weltmeister geworden und die Stimmung im Gasthof besonders gut. Bis spät in die Nacht wurde über Lauda, Gott und die Welt gesprochen und viel diskutiert. Bald waren von der Runde nur noch Alexander, der begnadete Bildhauer, und ich übrig, was unserem Redefluss jedoch keinen Abbruch tat. Alexander bewohnte mit seiner Frau wenige Minuten von Oberzeiring entfernt ein altes Schloss. Er war Mitglied einer weitverzweigten, alten Aristokratenfamilie, die als Produzenten von Bier, Senf und Essig im ganzen Land bekannt waren. Das Schloss, die Propstei Zeiring, war ein ehemaliger kirchlicher Herrschaftssitz, der sich schon seit geraumer Zeit im Besitz dieser Familie befand.

»Ich mag nicht mehr in dem Schloss wohnen!«, hörte ich zu meinem großen Erstaunen Alexander sagen, würde doch jeder in der Region sofort mit ihm tauschen wollen. »In meinem Alter hat man es lieber ein wenig gemütlicher, braucht es nicht mehr so groß und mondän. Wir haben uns auch schon ein kleines, richtig gemütliches Haus zugelegt. Doch dort einziehen können wir erst, wenn ich jemanden gefunden habe, der meine Aufgaben im Schloss übernimmt. Nie wäre die restliche Familie damit einverstanden, dass all die vielen Kunstschätze sich selbst überlassen bleiben.«

»Und was ist mit deinen Verwandten? Kann das keiner von ihnen tun?«, fragte ich neugierig.

»Daran habe ich auch schon gedacht. Doch die sind alle in Wien und haben leider kein Interesse daran. Ach, wie wunderbar wäre es, jemanden zu finden, der in diesem Schloss wohnen will und der auch zuverlässig ist!«

In dieser Nacht fand ich lange keinen Schlaf. Könnte das Schloss gar zu jenem Gestüt werden, von dem wir geträumt hatten, wo wir gemeinsam mit unseren Pferden leben konnten? Mit den dazugehörigen Stallungen und Weiden wäre es tatsächlich ideal. Und vielleicht könnte es auch zu jenem Seminarzentrum werden, das ich mir schon lange Zeit erträumte? Rastlos schwirrten meine Gedanken hin und her, bis ich dann doch noch einschlief.

Gleich am nächsten Tag trommelte ich meine Familie zusammen. »Ihr träumt doch alle von einem eigenen Gestüt mit dazugehörigem Schloss.« »Ja, echt schade, dass wir nicht die Kinder eines englischen Lords sind.« »Na ja, wenn ihr euch was aussuchen könntet, was würde euch da gefallen?«

»Hast du die Propstei gekauft?«, fragten die Kinder wie aus der Pistole geschossen. »Nein, habe ich nicht. Doch …«, und ich erzählte aufgeregt von meinem Gespräch mit Alexander letzte Nacht. Ich konnte kaum ausreden, so überschwänglich bestürmten mich die Kinder. »Bitte Papa, kümmere dich darum. Das wäre so toll!«

Schnurstracks fahre ich zur Propstei, die von außen eher einer schlichten Burg, denn einem prachtvollen Schloss gleicht. Elegant säumt eine Reihe von Säulenpappeln wie wachsame, riesige Zinnsoldaten den Wegesrand. Nun ist bereits die verwitterte Steinmauer zu sehen, die die dahinter liegende Pracht verbirgt. Nur der Kirchturm des Schlosses ist von außen sichtbar und ein dekorativer Erker mit schindelgedecktem Zwiebeltürmchen, das wie ein aufgesetzter Helm in die Höhe ragt. Noch versperrt mir ein massives Tor den Weg. Ein kräftiger Druck auf den Messingknopf an der Seite. Schon lugt Alexander, von dem ich mich erst Stunden zuvor verabschiedete, freudig überrascht durch die mächtige Pforte. Ich betrete den großen Innenhof, vor mir gruppieren sich zwei Wohnflügel, eine Kapelle und Stallungen, die seit Jahren nicht mehr in Verwendung sind.

Als ich mich als neuen Schlossbewohner ins Spiel bringe, erscheint ein Lächeln in Alexanders Gesicht. »Ja, das wäre ein Segen! Da wäre alles wirklich in besten Händen.«

Wenig später. Der Familienclan, extra aus Wien angereist, gibt auch seinen Segen und ein Vertrag mir unbegrenztes Wohnrecht, viele Freiheiten und mit tausend Schilling[17] Jahresmiete den so gut wie kostenfreien Aufenthalt unter herrschaftlichem Gebälk. Bereits die Woche darauf übersiedelte Alexander in sein gemütliches, kleines Haus und wir mit Sack, Pack und den Pferden im Schlepptau ins prunkvolle Schloss.

Von bunten Fresken, Kachelöfen, viel Marmor und edlen Möbeln umgeben, richteten wir uns langsam ein. Viele stuckverzierte Prunkräume, jeweils vier Meter hoch, ein Musiksalon mit wertvollen, alten Instrumenten, eine große, holzgetäfelte Bibliothek, ein weitläufiger Garten mit Glashaus und viele Hektar ebener Weideflächen standen nun zu unserer Verfügung. Wir waren im Paradies der Pferdenarren angekommen. Kein Wunder, dass unsere Stallungen bald mehr als zehn Rössern glamouröse Unterkunft boten, da immer mehr befreundete Reiter auch ihre Tiere zum Einstellen brachten.

Während mein berufliches Leben in Oberzeiring und Judenburg unermüdlich weiterging, hatte sich mein Privatleben voll und ganz ins Schloss verlagert, wo ich nun das Leben eines glücklichen »Landadeligen« zu führen begann.

---

17 1.000,– österreichische Schilling entsprechen ca. 70,– Euro Jahresmiete.

21

Loslassen

Das prunkvolle Schloss lud zwar zum äußerst eleganten Wohnen ein. Doch bald stellten wir fest, dass die hohen, riesigen Räume wohl wunderschön, aber zum Wohnen tatsächlich viel zu ungemütlich waren. Ohne die altehrwürdige Bausubstanz zu beschädigen, wurden einige Räume von uns zeitgemäß adaptiert. Schnell war von einem Fachmann eine Zwischendecke eingezogen, um die Raumhöhe zu reduzieren, Bäder und Zentralheizung wurden installiert und so ein noch immer riesiges, aber doch gemütliches Refugium geschaffen, das uns über Jahre eine liebenswerte Bleibe bot.

Die restlichen Prunkräume waren nur mehr Repräsentationszwecken vorbehalten. Kultur-, Tanz- und Musikveranstaltungen belebten immer öfter das alte, ehrwürdige Schloss. Mit diesen gesellschaftlichen Anlässen, dem regelmäßigen Reiten, dem Wohnen in herrschaftlicher Pracht und frei von jeglichen finanziellen Sorgen hatte ich – inzwischen wohl einer der wohlhabendsten Bürger des Landes – die Krönung meines materiellen Wirkens erreicht. Doch an ein Seminarzentrum, so wie ich es im Kopf hatte – als einen Ort der Stille und des Rückzugs –, war hier, wo immer was los war, wohl nicht mehr zu denken. Trotzdem verbrachten wir wunderbare Jahre im Schloss. Bis unvermittelt das nächste große Geschenk in mein Leben trat.

Es war die Zeit, als Nelson Mandela gerade zum ersten schwarzen Präsidenten Südafrikas gewählt worden war, als mir zu Ohren kam, dass in Thalheim, nicht weit vom Gasthof meiner Großeltern entfernt, ein altes Firmengelände mit Hallen, Häusern und Wiesen zu haben sei. Zu Füßen des Schlosses Sauerbrunn, das majestätisch auf einem Hügel thront, breitete sich das riesige Anwesen aus. Das sollte ein stillgelegtes Betriebsgelände sein? Nein, in meinen Augen war es das perfekte Gestüt, mit Reithallen, Stallungen, mehreren Wohnhäusern und Wirtschaftsgebäuden und ausgedehnten Weiden inmitten unberührter Natur. Was ich hier sah, war noch viel besser als Reiterhof geeignet, als es das alte, prunkvolle Schloss je sein konnte, sodass dieses Stück Land bald von meiner Familie in Besitz genommen wurde.

Dies war der letzte große Coup meines beruflichen Lebens. Denn im Laufe der Zeit begannen sich meine Interessen immer mehr zu verändern. Immer stärker zog ich mich von all den gesellschaftlichen Ereignissen zurück, bei denen ich stets gern gesehener Gast gewesen war. Viel lieber beschäftigte ich mich nun mit den philosophischen Fragen des Lebens, mit Gesundheit, Ernährung und mentaler Entwicklung. Einige fragten mich, ob ich denn wieder krank geworden sei und deshalb all dies tun müsse. »Nein. Das tue ich, weil ich so gesund bin!«, antwortete ich, was jedoch die wenigsten zu verstehen schienen.

Mit Zustimmung der Behörden übergab ich den Kindern, beide mittlerweile selbst zu Rauchfangkehrermeistern geworden, meine Betriebe. Ich selbst ging einige Jahre vor der offiziellen Zeit in den »Ruhestand«. So konnte ich mich besser meinen neuen Interessen widmen. Genügend Geld dafür war ja vorhanden. Ich hatte alles erreicht, was ich wollte, sogar mehr, als ich je zu erträumen imstande war. Nichts Materielles mochte mich noch locken. Immer weniger war ich daran interessiert, irgendetwas haben zu wollen.

Langsam veränderte sich nicht nur mein Freundeskreis. Auch das Verhältnis zu meiner Frau begann sich zu wandeln. Immer unterschiedlicher waren unsere Interessen, es war kaum mehr möglich, etwas gemeinsam zu tun. So beschlossen wir, nach fast fünfunddreißig Jahren unsere eigenen Wege zu gehen, womit auch die letzte große, ja wahrscheinlich größte Herausforderung in mein Leben trat.

Hatte sich doch über die Jahre vieles angehäuft – Häuser, Grundstücke, Gehöfte und vieles mehr, das es nun zu teilen galt.

Geld verdienen war mir immer ziemlich leicht gefallen. Doch war ich auch in der Lage, all das wieder loszulassen? War ich – ein Leben lang um die eigene Freiheit bemüht – wirklich so frei, wie ich immer dachte? Oder war ich abhängig von den Dingen, die mich umgaben, so wie all die vielen Menschen, die bis ins Alter dem materiellen Wohlstand nachjagen und deren Gesundheit und Seelenfrieden dabei auf der Strecke bleiben?

Gegen den Rat meines irritierten Anwalts überließ ich fast alle Besitzungen meiner Frau – und fühlte mich freier und glücklicher als je zuvor.

22

Befreit

Nun – befreit von all den vielen Dingen, die mir lange Zeit äußerst erstrebenswert schienen – begann ich, mich noch stärker um meine persönliche Entwicklung zu kümmern. Ich folgte ungehemmt dem inneren Drang, die mich beherrschenden Gesetzmäßigkeiten besser kennenzulernen. Die immense Neugier, die von klein auf mein ständiger Begleiter war, sollte nun stärker denn je befriedigt werden.

Mit den bescheidenen Mitteln, die mir geblieben waren, hatte ich mir in der Zwischenzeit ein kleines reparaturbedürftiges Häuschen in Graz zugelegt – in jener Stadt, in der sich bereits mein erfinderischer Vorfahre Johann Puch seinen Traum erfüllt hatte. Meine neue Bleibe lag nur wenige Minuten von der nach ihm benannten Puchstraße entfernt, wo er in einem inzwischen zum Museum gewordenen Werksgebäude seine ersten eigenen Autos konstruiert hatte. Mit Begeisterung verwandelte ich mein winziges, neues Haus allmählich in eine gemütliche Bleibe, widmete mich den philosophischen Fragen des Lebens, las zahlreiche Bücher und besuchte immer wieder Seminare und Vorträge. Und je mehr ich mich mit mir und meinem Leben beschäftigte, umso mehr kam ich mit Menschen in Berührung, die wie ich das Bedürfnis hatten, einen Blick hinter die Kulissen des Alltags zu werfen. So lernte ich auch Herbert kennen, einen pensionierten Chemiker, mit dem es sich vortrefflich diskutieren ließ.

»Das dürfte dich interessieren.« Herbert hielt mir einen Zeitungsartikel unter die Nase. Seit wir uns bei einem Vortragsabend über den Weg gelaufen waren, trafen wir uns regelmäßig zum Gedankenaustausch in einem der gemütlichen Grazer Innenstadtcafés. So auch an jenem Frühlingstag, als mir Herberts Zeitung den Blick auf meine Kaffeetasse versperrte.

»Wie Gefühle unser Leben bestimmen«, bekam ich da zu lesen. »Gefühle beeinflussen unser gesamtes Leben weit mehr als lange angenommen …« Herbert hatte recht. Das interessierte mich tatsächlich. So sehr, dass ich noch am selben Tag Kontakt mit dem Verfasser des Artikels aufnahm.

23

Die Logik meines Glücks

Bereits einige Wochen später sollte ich Gerhard, den Autor des Artikels, bei einem seiner Seminare persönlich kennenlernen. Es war der Beginn einer langen Freundschaft, die bis heute andauert.

Gleich zu Beginn seines Seminars begann er, uns jene Logik, der unsere Gefühle stetig folgen und die er

gefühlsLOGIK

nennt, anhand von zwei einfachen Beispielen näherzubringen: »Vielleicht hast du mal einen alten Freund getroffen, den du schon seit ewigen Zeiten nicht mehr gesehen hast, und hast im selben Moment gespürt, wie sich ein Gefühl der Freude in dir auszubreiten begann. Oder du wurdest zu deinem Chef gerufen, und sofort bemächtigte sich ein äußerst unangenehmes Gefühl deines Körpers.«

Einige Seminarteilnehmer nickten, während Gerhard weitersprach. »Egal, ob es sich um ein angenehmes oder um ein unerträgliches Gefühl handelt, das sich deiner bemächtigt. Immer bist du es selbst, der diese Gefühle macht.« Einige Teilnehmer blickten ungläubig drein.

»Du selbst erzeugst deine eigenen Gefühle!«, wiederholte Gerhard. »Denn du bist es, der den Prozess der Gefühlsentstehung auslöst. Schauen wir uns diesen Prozess – der immer in drei gleichen Schritten abläuft – anhand unserer beiden Beispiele etwas genauer an:

Schritt 1: Du erlebst eine Situation,
wobei es deinem Gehirn völlig egal ist, ob du diese Situation tatsächlich erlebst, so wie in unserem Beispiel, wo du plötzlich einem alten Freund gegenüberstehst. Oder ob du eine Situation nur in Gedanken durchspielst, so wie jemand, der sich Sorgen macht, weil er zum Chef gerufen wird. Nun folgt

Schritt 2: Du beurteilst die Situation
und entscheidest damit, in welchem Licht du diese siehst – beispielsweise, dass es toll ist, den alten Freund wiederzusehen, oder ganz schlimm, vom Chef gerufen zu werden. Diese nun von dir eingenommene Sichtweise ist der wahre Urheber deiner Gefühle. Denn mit deiner Beurteilung löst du in Sekundenbruchteilen den finalen Schritt im Prozess der Gefühlsentstehung aus:

Schritt 3: Du spürst ein Gefühl,
weil nun dein Gehirn automatisch dafür sorgt, dass körpereigene Chemikalien[18], die exakt zu deiner Sichtweise passen, in deinen Blutkreislauf ausgestoßen werden – was du körperlich sofort als Gefühl wahrnimmst.[19] Sowohl die Freude gegenüber dem Freund als auch das Unwohlsein gegenüber dem Chef werden von uns selbst gemacht.

Ich meldete mich zu Wort: »Mein Gehirn ist also so eine Art Gefühlserzeugungsmaschine, die von meinen Gedanken betrieben wird.« Gerhard nickte. Das gefiel mir. Kam es doch meinem starken Bedürfnis nach Selbstbestimmung äußerst entgegen, selbst entscheiden zu können, wie ich mich fühlte. Doch unter den anderen Teilnehmern war ein Murren zu hören. Einige wollten es offenbar gar nicht glauben, dass sie selbst es sein sollten, die für ihre Gefühle verantwortlich sind.

»Sucht doch mal nach Beispielen in eurem eigenen Leben. Nach vergangenen Situationen, in denen

18 Neurotransmitter, Hormone.

19 Hinweis: Jene Gefühle, die man landläufig mit den Begriffen »Intuition«, »sechster Sinn«, »Ahnung« u. Ä. versieht, unterliegen nicht diesem dreiteiligen Prozess der Gefühlsentstehung. Dabei handelt es sich vielmehr um energetische Phänomene, auf die in diesem Buch nicht näher eingegangen wird.

ihr euch gut oder schlecht gefühlt habt, und prüft, ob eure jeweilige Sichtweise tatsächlich dem damaligen Gefühl entsprochen hat«, forderte Gerhard uns auf, nachdem er den Widerstand der Ungläubigen bemerkt hatte.

Mir fiel sofort meine Meisterprüfung ein. Ich erinnerte mich noch gut daran, wie sicher ich war, es geschafft zu haben, jedoch kurz vor Verkündung der Prüfungsergebnisse an mir zu zweifeln begann – und mich im selben Moment so mies wie nie zuvor fühlte. Offensichtlich hatte ich mir selbst einen der fürchterlichsten Momente meines Lebens beschert, sinnlos ausgelöst durch meine eigene Sicht.

Weitere Momente meines Lebens tauchten vor meinem geistigen Auge auf. Ich sah mich als Kind gemeinsam mit den Erwachsenen im Stollen vor den Fliegerangriffen Schutz suchen. Ich erinnerte mich, wie gut ich mich dabei gefühlt hatte und dass ich all die Ängste der Erwachsenen rundum nicht zu verstehen vermochte. Betrachtete ich, der naive Fünfjährige, diese Situation in meiner kindlichen Unbekümmertheit doch mehr als Abenteuer denn als Gefahr, wie es all die Erwachsenen aus gutem Grund taten.

Nun war ich der Achtjährige, der mit geröteten, brennenden Augen, pechschwarzem Gesicht, verrußter Nase, einem Würgen im Hals, jedoch voller Glücksgefühle seinen ersten Schliefer verlassen hatte. Und ich verstand, warum es mir trotz der körperlichen Qualen, die mir der enge Kamin noch kurz zuvor bereitet hatte, danach so gut ging. War ich doch richtig stolz darauf, das Ungetüm bezwungen zu haben.

Meine Zeitreise ging weiter. Ich war nun der neunzehnjährige Seppl, der gerade beim Militär seinen Dienst versieht – erlebe nochmals meinen unerlaubten Ausflug zu meiner Angebeteten, die Verfolgungsjagd mit der Polizei, das Gespräch mit dem Kommandanten, die nun folgenden Schikanen. Und trotzdem war es mir gut gegangen, hatte ich trotz all der erzieherischen Maßnahmen durch meine Vorgesetzten eine äußerst gute Zeit beim Militär verlebt. War mir doch damals nur allzu bewusst, welche Vorteile der Dienst in Uniform für mich tatsächlich hatte, dass zu Hause mein Arbeitstag bereits um vier Uhr früh begann – hier war es erst um sechs so weit, dass ich daheim mein ständig verschmutztes Gewand selbst waschen musste – hier gab es eine Wäscherei dafür, dass ich mich daheim selbst mit Nahrung versorgen musste – hier wurde ich dreimal täglich von anderen kostenlos damit versehen. So bewahrte mich auch damals meine eigene Sichtweise davor, eine wirklich schlimme Zeit zu erleben. Und …

Mein Ausflug in die Vergangenheit wurde jäh unterbrochen. Auch die anderen Teilnehmer meldeten sich mit unterschiedlichsten Beispielen, die aufzeigten, wie sie selbst ständig ihre eigenen Gefühle erschaffen. Nun waren offenbar auch die letzten Zweifler in der Lage, diese Erkenntnis anzunehmen.

»Wir selbst sind es also«, fuhr Gerhard fort, »die unsere Gefühle machen. Doch nicht nur mit den Gefühlen, die wir selbst erzeugen, müssen wir leben, sondern auch mit deren Folgewirkungen. Denn Gefühle ziehen eine Fülle von

Kettenreaktionen

nach sich. So wird beispielsweise unsere Fähigkeit, Probleme zu lösen, stark von unseren Gefühlen bestimmt. Denn nur in heller Stimmungslage funktionieren jene Gehirnregionen gut, die für das Aufspüren von Ideen, Lösungen und Auswegen entscheidend sind.« Gerhard zählte nun weitere Bereiche unseres Lebens auf, die von Gefühlen beeinflusst werden. Doch erst gegen Ende seiner Aufzählung dämmerte es mir, wie sehr Gefühle seit jeher mein Leben bestimmt hatten.

»Ist dir schon einmal aufgefallen, dass du dich wesentlich stärker fühlst, wenn du ausgeglichen oder gut gelaunt bist? Dass du dann nicht nur unternehmungslustiger und aktiver bist, sondern auch stark genug, um all das zu tun, was du dir vorgenommen hast? Dass dir jedoch dein Tun immer schwerer fällt, je mehr deine Laune sinkt?«

Unvermittelt erinnerte ich mich an meine Lehrzeit. Ich hob den Arm und Gerhard überließ mir das Wort. Ich begann davon zu erzählen, wie ich als Lehrling mit dem Fahrrad den Weg zur Berufsschule über die Berge nahm. Wie ich magisch angezogen von meinem Ziel, klatschnass und freudvoll Kilometer um Kilometer bezwang. Wie ein emotionaler Einbruch mich meiner Kraft beraubte und wie ich erst, als ich meine Zuversicht wieder gewann, meine Kraft zurück in meine Beine brachte.

»Vielen Dank, Josef«, sagte Gerhard, »dein Beispiel zeigt wunderbar, wie sehr Gefühle unsere Kraft bestimmen. Doch nicht nur unsere Körperkraft, auch unser Verhalten wird von unserer Stimmungslage beeinflusst ...«

»Gefühle beeinflussen unser Verhalten«, wiederholte ich in Gedanken. Ja, auch dafür ließen sich in meinem Leben genügend Beispiele finden. Wie oft bekam ich von anderen zu hören, was alles unmöglich sei. Dass ich mein steifes Bein würde behalten müssen. Dass ich in nur drei Monaten nie zum Meister werden könnte und schon gar nicht in der Lage sein würde, in so jungen Jahren einen maroden

Betrieb wieder zum Leben zu erwecken. Geschweige denn, einen zweiten Kehrbezirk zu bekommen. Hätte ich mir diese Sichtweisen zu eigen gemacht, wie hätte ich mich dann wohl verhalten?

Glücklicherweise war schwarzzumalen meine Sache nicht. Vielmehr dachte ich: »Seppl, das mag vielleicht für die anderen gelten, aber nicht für dich«, nahm in Angriff, was ich mir vorgenommen hatte, und schuf mir so ein Leben, das mich viele glückliche Jahrzehnte erleben ließ. Und nun, Jahre später, wurde mir bewusst, in welch hohem Maße meine eigenen Sichtweisen diese meine Lebensqualität beeinflusst hatten. Das ist die simple

Logik meines Glücks

gewesen. Instinktiv hatte ich von klein auf darauf verzichtet, mir blockierende Sorgen über die Zukunft zu machen oder mir mit kräfteraubenden Gedanken wie »Wenn dieses oder jenes nur anders gewesen wäre!« die Gegenwart zu vermiesen. Erst jetzt, als Pensionär, wurden mir die Zusammenhänge so richtig klar. Beschrieb doch das Seminar genau das, was ich ein Leben lang erfahren hatte. Eigentlich war alles so logisch. Immer wieder hatte ich mich selbst auf hilfreiche Art und Weise beeinflusst und mich so selbst zu dem Glückspilz gemacht, den viele andere in mir sahen. Natürlich hat es manchmal ein wenig Mut gebraucht, das Leben zu leben, für das ich mich entschieden hatte. Doch der Lohn dafür konnte sich sehen lassen.

Ich hatte mir nicht nur ein Leben lang erlaubt, zufrieden und glücklich zu sein, sondern auch alles erreicht, was ich mir vorgenommen hatte. Fast alles! Denn eine Sache war mir bis ins hohe Alter verwehrt geblieben. Das Seminarzentrum, das ich immer so gerne betrieben hätte. Doch selbst dieser lang gehegte Traum sollte letztendlich Erfüllung finden.

Zum vorläufig letzten Mal ließ ich mit 72 Lebensjahren mein altes Leben los und ergriff eine weitere Chance, die mir das Leben zu bieten vermochte. Ich übersiedelte mit Sack und Pack nach Deutschland, wo ich seitdem – nahe dem Schwarzwald, inmitten unberührter Natur – als Teil der Belegschaft eines Seminarzentrums voller Freude und Tatendrang aktiv bin.

So kann ich selbst heute noch, mit 75 Jahren Erfahrung auf dem noch immer gesunden Buckel, voller Freude in die Welt rufen: »Es macht Spaß zu leben!«

Nachwort

Sie haben in dreiundzwanzig Kapiteln live miterlebt, was im Kopf eines Menschen vorgeht, der trotz misslicher Umstände in der Lage ist, das Glück ins eigene Leben zu locken. Sie haben erlebt, dass es nicht das Schicksal ist, welches Menschen zu »Glückspilzen« macht, sondern vielmehr die Fähigkeit, konstruktiv dem Leben zu begegnen. Erzeugt doch erst unsere Sicht der Dinge jenen inneren Zustand, der letztendlich darüber entscheidet, wie leicht oder schwer es uns fällt, anstehende Aufgaben zu meistern, nötige Veränderungen herbeizuführen oder sich bietende Gelegenheiten beim Schopf zu packen.

Als Josef Puch mir von seinem Leben zu erzählen begann, war bald klar, dass mir hier nicht nur der lebende Beweis dafür gegenübersaß, dass trotz schwieriger Umstände ein glückliches Leben gelingen kann. Dieser sympathische, kleine Mann zeigt mit seinem Beispiel auch sehr konkret, WAS Menschen zu einem echten »Glückspilz« machen kann:

1. Glückspilze sind (weitgehend) sorgenfrei

Josef: »Ich sah nie viel Sinn darin, mir Sorgen über die Zukunft zu machen. Schon als Kind waren mir die Schwarzmalereien von Erwachsenen äußerst suspekt. Bereits damals fragte ich mich, wenn wieder einmal jemand für die Zukunft den Teufel an die Wand zu malen begann: Wie können die das denn wissen?«

2. Glückspilze sind meist zuversichtlich

Josef: »Ich wusste, dass ich das, was ich beeinflussen kann, mir richten werde. Und ich ging immer davon aus, dass mir das, was ich mir vorgenommen hatte, auch gelingen kann.«

3. Glückspilze grübeln kaum und bleiben nicht im Negativen hängen

Josef: »Ich habe mir immer wenig Gedanken über die Vergangenheit, die ich sowieso nicht ändern kann, gemacht. Mit den Fakten, von denen ich wusste, dass ich sie nicht ändern kann, habe ich nie gehadert. Ich habe sie vielmehr als Fakten akzeptiert und versucht, das Beste daraus zu machen.«

Auch meine langjährigen Beobachtungen zeigen: »Glückspilze« wie Josef sind in der Lage, sich selbst zu unterstützen. Sie blockieren weder ihre eigene Ressourcen langfristig mit destruktiven Sichtweisen noch halten sie ein kräftezehrendes, negatives »Gedankenkarussell« über einen längeren Zeitraum aufrecht. Natürlich ist es menschlich, auch mal schlecht drauf zu sein. Doch ist es empfehlenswert, destruktiven Gefühlen nicht zu lange Raum zu geben, da ansonsten deren Kettenreaktionen unser Leben bestimmen.

Das kleine Glückstraining

Fällt es Ihnen manchmal schwer, auf Sorgen oder Grübeleien zu verzichten? Kreisen Ihre Gedanken immer wieder um das Negative und gelingt es Ihnen nicht, dieses kräfteraubende Gedankenkarussell in den Griff zu bekommen? Oder wollen Sie einfach nur jene Fähigkeit professionell trainieren, mit der Sie bestimmen, was in Ihrem Kopf vor sich geht: Ihre Konzentrationsfähigkeit? Dann kann folgende Übung kleine Wunder wirken – und das mit minimalem Aufwand:

FAKTEN SAMMELN

Quälen Sie sinnlose Sorgen oder Grübeleien, dann bedeutet dies, dass Sie sich mit Ihren Gedanken in der Vergangenheit oder Zukunft befinden. Sie haben sich entweder in Ihrer »Frustzone« verirrt, wo sich über all die Jahre Ihre negativen Erfahrungen aus der Vergangenheit angesammelt haben. Oder Sie stecken in Ihrer »Sorgenzone« fest, wo Sie die Schreckensszenarien einer befürchteten Zukunft immer und immer wieder vor Ihrem geistigen Auge Revue passieren lassen. Sie können zwar vergangene

Erfahrungen nicht rückgängig machen und wissen auch nicht, ob Ihre Befürchtungen für die Zukunft tatsächlich zutreffend sind. Trotzdem beeinflussen Sie diese düsteren Gedanken, führen zu einem unangenehmen Gefühl und blockieren jetzt in der Gegenwart Ihre Ressourcen. Die Übung »Fakten sammeln« unterstützt Sie dabei, Ihre »Frust-« bzw. »Sorgenzone« zu verlassen und so den Weg zurück in die Gegenwart zu finden – aber auch, Ihre Konzentrationsfähigkeit zu trainieren.

Durchführung

Um ein kräfteraubendes Gedankenkarussell zu stoppen, gehen Sie bitte folgendermaßen vor: Dokumentieren Sie in Gedanken permanent das, was Sie gerade sehen. Dies tun Sie,

- indem Sie bewusst daran denken, WAS Sie gerade sehen – beispielsweise »Auto«,

- oder an die FARBE des Objektes denken, das Sie gerade sehen – beispielsweise »Rot«,

- oder an das MATERIAL des jeweiligen Objektes denken – beispielsweise »Metall«.

So sammeln Sie quasi im Geiste die Fakten, von denen Sie gerade umgeben sind. Wechseln Sie dabei nach Lust und Laune zwischen WAS, FARBE und MATERIAL hin und her. So erzeugen Sie einen stetigen Gedankenstrom, der beispielsweise beim Spazierengehen (oder wo auch immer Sie diese Übung durchführen wollen) folgendermaßen lauten könnte:

»Haus–Beton–Blau–Rot–Auto–Metall–Himmel–Wolken–Blau–Weiß–Baum–Holz–Braun–Grün–Mann–Hose–Hemd–Jacke–Weiß–Dunkelblau–Grün–…« usw.

Achten Sie darauf, dass keine Denkpausen entstehen, damit Ihr Gehirn gezwungen ist, sich stetig mit den gegenwärtigen Fakten zu beschäftigen. Dabei ist es egal, wie oft Sie den einen oder anderen Begriff wiederholen. Entscheidend ist, dass Sie gedanklich dranbleiben. So bringt Sie diese Übung ohne großen Aufwand in die Gegenwart zurück.

Trainingsdauer

Wichtig ist, dass Sie diese Übung die ersten drei Wochen zumindest einmal täglich machen, damit sich Ihr Gehirn daran gewöhnen kann. Beginnen Sie mit zwei Minuten täglich. Verlängern Sie die Dauer der Durchführung nach Lust und Laune von Mal zu Mal – je länger, umso wirkungsvoller. So wird es Ihnen bald gelingen, dieses einfache Hilfsmittel auch wirkungsvoll im »Ernstfall« zu nutzen.[20]

Wirkung

- Mithilfe dieser Übung ist es einerseits möglich, ein kräfteraubendes Gedankenkarussell im Kopf zu stoppen.

- Andererseits wird damit auch Ihre Konzentrationsfähigkeit trainiert – eine besonders wichtige Fähigkeit, um bewusst bestimmen zu können, was sich im eigenen Kopf gerade tut bzw. wohin Ihr Fokus wandert.

- Natürlich können Sie das Faktensammeln auch nutzen, um zwischendurch einmal innere Ruhe zu finden.

---

20 Achtung: Machen Sie das Faktensammeln dann, wenn es nötig ist oder Sie Lust dazu haben. Sollte Sie diese Übung jedoch von einer anderen Tätigkeit ablenken, dann verschieben Sie sie auf später. Beim Autofahren oder anderen Aktivitäten, die Ihrer Konzentration bedürfen, sollten Sie KEINESFALLS diese Übung praktizieren.

- Auch haben mir Klienten schon des Öfteren begeistert davon berichtet, wie ihnen diese Übung beim Einschlafen half. Dabei spazierten sie in ihrer Fantasie mit geschlossenen Augen beispielsweise einen bekannten Weg entlang, um dabei Fakten zu sammeln – ein besonders kreativer Einsatz dieser Übung.

Tipp

Anfangs kann es sein, dass Ihre Gedanken beim Üben abzuschweifen beginnen. Versuchen Sie dann, bewusst ruhig und entspannt zu atmen. Das verstärkt die Aufnahmefähigkeit des Gehirns, unterstützt das klare Denken und fördert Ihre Konzentration.

Viel Spaß beim Nutzen Ihrer Möglichkeiten!

Seminare und Vorträge

mit Gerhard F. Schadler

Erleben Sie den Autor live bei einem seiner gefühlsLOGISCHEN Auftritte – als Trainer in Ihrem Unternehmen, als Vortragenden bei Ihrer Veranstaltung oder als Wegbegleiter im öffentlich zugänglichen Seminar.

»Hohe Authentizität, außergewöhnliche Präsentation, begeisterte Mitarbeiter/innen, alltagstaugliche Konzepte«

– mit diesen Worten beschreibt ein Personalverantwortlicher treffend die Arbeit von Gerhard F. Schadler.

Mehr auf
www.gefuehlsLOGIK.at